图书馆学译丛

From Cataloguing
to Metadata Creation

A Cultural
and Methodological Introduction

从编目到元数据
心路历程

[意]马乌罗·圭里尼 著　顾 犇 译注

国家图书馆出版社

图书在版编目（CIP）数据

从编目到元数据：心路历程 /（意）马乌罗·圭里尼（Mauro Guerrini）著；顾犇译注 . -- 北京：国家图书馆出版社，2025. --（图书馆学译丛）. -- ISBN 978 - 7 -5013 - 8323 - 8

Ⅰ . G254.3 -39

中国国家版本馆 CIP 数据核字第 2024GM3221 号

北京市版权局著作权合同登记号：01 - 2024 - 6301

版权所有：马乌罗·圭里尼

© Mauro Guerrini 2023

书　　名		从编目到元数据：心路历程
		CONG BIANMU DAO YUANSHUJU：XINLU LICHENG
著　　者		［意］马乌罗·圭里尼　著
		顾　犇　译注
责任编辑		高　爽　张亚娜
封面设计		项梦怡

出版发行 国家图书馆出版社（北京市西城区文津街 7 号　100034）
（原书目文献出版社　北京图书馆出版社）
010 - 66114536　63802249　nlcpress@ nlc. cn（邮购）

网　　址 http：//www. nlcpress. com

排　　版 北京金书堂文化发展有限公司

印　　装 河北鲁汇荣彩印刷有限公司

版次印次 2025 年 3 月第 1 版　2025 年 3 月第 1 次印刷

开　　本 710×1000　1/16

印　　张 12.75　**彩插** 0.25

字　　数 168 千字

书　　号 ISBN 978 - 7 - 5013 - 8323 - 8

定　　价 88.00 元

"图书馆学译丛" 出版说明

改革开放以来，特别是进入 21 世纪以来，我国图书馆事业取得了长足的进展，图书馆学研究领域的优秀成果不断涌现。与此同时，专业领域的国际交流要求也日益迫切。

图书馆学专业图书是我社主要出版方向之一。为了加强图书馆学领域的国际交流，借鉴学习国外优秀的研究方法与研究成果，我社策划了这套"图书馆学译丛"，遴选国外图书馆学领域优秀的、经典的出版物，陆续翻译出版，包括从牛津大学出版社引进的《美国公共图书馆史》(*Part of Our Lives : A People's History of the American Public Library*)，从爱思唯尔公司引进的《对话世界一流大学图书馆馆长》(*Conversations with Leading Academic and Research Library Directors*)，著作权人个人授权的《从编目到元数据：心路历程》(*From Cataloguing to Metadata Creation : A Cultural and Methodological Introduction*) 等。

希望这套丛书能为图书馆学领域的中外交流增加一扇窗，在研究方法、研究视角等方面为中国图书馆学界和业界同人提供参考借鉴。当然我们也深知，阅读中的批判性思维、活学活用，远比简单地盲从照搬更有价值。我们也期待，通过加强交流，更多的中国图书馆学著作能走出去，向世界展现中国图书馆界的理论创新与实践创新成果。

国家图书馆出版社

2025 年 3 月

献给我的外孙莱奥尼达

推荐语

　　《从编目到元数据：心路历程》是针对元数据创建领域所作的一个有效的理论和方法论导论，而元数据创建已经完全嵌入编目这个科学和学科的领域。

　　该书回顾了现代编目发展的历史进程，一直到与其交汇的语义网和关联开放数据的方法论。在这个环境中，所描述实体之间的"关系"，不仅在（书目的）目录中充分发挥其潜能到极致，而且其信息潜能也得以倍增。它被投射至数据的网络，那里有创建并进一步共享文化产品的非凡机遇。

意大利图书馆协会主席罗莎·马伊埃洛

新技术总会不断加强未来的图书馆目录。图书馆如果要继续发挥提供信息、服务用户、履行文化遗产和记忆机构使命的作用，就应该在技术上跨越到下一代。图书馆书目标准、模型和服务都应该要进行转变以适应语义网的要求。

——戈登·敦塞尔（Gordon Dunsire）、米尔娜·维勒（Mirna Willer）《语义网中的书目信息组织》

（*Bibliographic Information Organization in the Semantic Web*）

我们义不容辞"聆听我们梦想的颜色"①。如果我们自己的核心价值都不明晰，那就不能期待别人会理解我们工作的目的。我们有理由乐观。

——艾伦·丹斯金（Alan Danskin）

https://archive. ifla. org/IV/ifla72/papers/102-Danskin-en. pdf

做一个优秀的图书馆员——这就是编目员现在和未来继续做的事情。

——麦克尔·A. 塞尔博（Michael A. Cerbo）

《图书馆编目员有未来吗?》（"Is there a future for library catalogers?"）

---

① ［译者注］"聆听我们梦想的颜色"（listen to the colour of our dreams）源自1994年发行的一首美国歌曲《我梦想的颜色》（*The Colour of My Dreams*），这里被作者用来表达自己的感受。

作者介绍

马乌罗·圭里尼（Mauro Guerrini）是意大利佛罗伦萨大学图书馆学教授，也是手稿、印刷资源和数字资源编目和元数据创建领域硕士学位项目主任。他在罗马第一大学（University of Rome La Sapienza）档案馆和图书馆学院获得图书馆学学位证书和手稿保护证书，后来在佛罗伦萨国家档案馆（State Archive in Florence）获得档案馆员证书。马乌罗·圭里尼出版成果众多，涉及编目、伦理、开放获取和图书馆员历史等领域，特别关注安东尼奥·潘尼兹（Antonio Panizzi）的研究。他是《编目和分类季刊》（*Cataloging & Classification Quarterly*）、《意大利图书馆协会研究》（*AIB Studi*）、《今日图书馆》（*Biblioteche Oggi*）等期刊的编委，并担任佛罗伦萨大学出版社（Florence University Press）"图书馆和图书馆员"（*Libraries and Librarians*）丛书主编，还参与创办并主编《意大利图书情报学报》（*JLIS.it: Italian Journal of Library and Information Science*）。

马乌罗·圭里尼自 1979 年起就担任意大利图书馆协会（AIB, Italian Library Association）理事，2005—2011 年担任主席；他还是意大利教会图书馆员协会（ABEI）、意大利书目和图书馆学学会（SISBB）理事，以及其他组织的会员。他曾任意大利图书馆协会编目组主席，国际图联国际标准书目著录评估组委员，国际图联编目组、主题分析组、书目组常设委员会委员。他曾任 2009 年国际图联大会意大利组委会主席，并任 2021 年国际电子资源大会（2021 International Conference on Electronic Resources）、2003 年国际规范控制大会（2003 International Conference on Authority Control）、2012 年全球图书馆互操作和关联数据（大会）（2012 Global Interoperability and Linked Data in Libraries）和 2022 年数字生态系统中的书目控制国际大会（2022 International Conference Bibliographic Control in the Digital Ecosystem）主席。

序 一

多年以来，编目标准、规则、指南已经从特定图书馆的个性化说明变为旨在国际书目数据交换的国际共享指导。圭里尼教授的这部著作概述了编目标准发生的变化，以及国际组织（特别是国际图书馆协会和机构联合会，IFLA）在共享标准方面的杰出工作，以达到"世界书目控制"的理想。随着记录和共享书目数据能力的进化，世界书目控制的概念也在进化。

起初，技术只允许个别图书馆创建自己的目录。后来，随着印刷技术的发展，编目的复制（如对于图书目录）也应运而生。技术进步，使得人们可以从集中的来源购买印刷卡片，图书馆只要在另一个图书馆的目录中添加馆藏即可。自动化也经历了多个阶段，起初我们可以交换标准格式的记录，后来可以在万维网上利用全世界可获得的数据，甚至只是链接到现有的数据，而不管数据的所在地。

编目是一项成本高昂的工作，所以我们早就开始考虑尽可能多地共享这项工作。为了达到共享的目的，我们必须使用同样的标准和兼容的系统，或者至少能标识①记录以便智能化地再利用。然而，"一次编目，大

---

① ［译者注］这里"标识"原文为"identify"，其相应的名词形式为"identification"，在《书目记录的功能需求》（FRBR）中文版中被翻译为"识别"。本书中根据不同语境，有时候翻译成"识别"，有时候翻译成"标识"。而其对应的"identifier"，被翻译成"标识符"。

家使用"（catalog it once for all）（Tillett，1993）并不是新的概念。在 20 世纪初，图书馆致力于共享他们的编目工作，那时候这个概念就被反复提及。诸如虚拟国际规范文档（VIAF）这样的系统，就是为了共享规范控制①活动而建立起来的。数据被用于创造性的目的，而远超于起先标识名称标准形式用于目录中的意图，这使得通过名称的各种变异形式都能存取到有关实体。

于是，随着能力的进化，编目标准、指南和规则的焦点也随之进化，从创建书目记录到记录书目数据，标识所描述的实体，便于用户查找、识别、选择和获取他们所需要的信息。这些就成为《书目记录的功能需求》（FRBR）、《国际编目原则》（ICP）和《资源描述与检索》（RDA）纳入"导航"的目的。

这是圭里尼教授在本书中向大家展现的诱人领域。你们中谁会迎接挑战，进而帮助使用者获得他们所需要的信息呢？

芭芭拉·B. 蒂利特②（博士）

---

① ［译者注］本书中，规范控制（authority control）是编目领域的特定术语，与其相关的还有规范数据（authority data）、规范检索点（authorised access point）等，详见 5.4 节。在其他情况下出现的"规范"，涉及英文原文 norm、code 等，应避免混淆。

② ［译者注］芭芭拉·B. 蒂利特，1946 年出生于美国德克萨斯州，并于 1987 年在加利福尼亚大学洛杉矶分校取得博士学位。曾担任过书目分析员、程序员、图书馆技术服务部门负责人、系统协调人、编目咨询专家等职务。自 1994 年起，在美国国会图书馆担任编目政策和支持办公室主任等职位。她主要参与国际图联《书目记录的功能需求》等文件的起草工作，对编目工作从传统向网络时代的过渡发挥了重要作用。参见：Barbara Ann Barnett Tillett［EB/OL］.［2025 - 02 - 11］. https：//prabook.com/web/barbara_ann_barnett. tillett/8119.

序　二

20世纪80年代初，一次在南非一所一流图情学院的教师会上，我提出编目是图书馆员的核心竞争力。但是，我的观点遭到嘲笑。在此后的管理工作和研究工作中，我远离图书馆相关事务而聚焦"艰深"并在学术上更受尊重的图情学科领域，从而观察到了这一变化所产生的实际后果。作为死不改悔的"恐龙"，我一直认为编目是信息行业的中心。你也许不做编目，或者不想做编目，但是对编目规则的理解，却是信息服务各个方面的工作都需要的。编目不是不愿意与人交往，或吹毛求疵、有强迫症的图书馆员的避难所，编目是为了把人和资源连接起来。编目是选书、采访、储存、检索/发现的基础，也保证了各种资源（古代和现代，实体和虚拟）的可获得性。

因此，我很赞赏我的好友马乌罗·圭里尼及其意大利同事们的工作。他们在教学和研究中，不仅给予这个话题以学者应有的关注，而且还为实际工作的专业人员出版了指南和手册，也使得我们这样不做编目但有必要了解其涉及的方面和其来龙去脉的人能理解这个话题。

我把我自己算在上述后一组人群里。我在20世纪60年代中期上的编目课，那时候的规则是1949年美国图书馆协会（ALA）制定的《著者和题名款目编目规则》（*Cataloging Rules for Author and Title Entries*），也是1908年《编目规则》（*Cataloguing Rules*）的修订版。后者是美国图书馆协会和英国图书馆协会 [（British）Library Association] 合作的产物。那是一本砖红色的软皮小薄册。大概在我刚开始到图书馆学院教书的时候，"蓝典"（blue code）就问世了，那就是 1967 年的蓝色软皮的大厚本《英美编目条例》（*Anglo-American Cataloging Rules*，AACR）。我们这个学院很小，所以老师们都是"万事通"，最后轮到我教高年级编目课，所以我得自己先掌握这部新的规则。我的编目经验也就如此而已。后来，我与《英美编目条例（第二版)》（AACR2）和后续的发展失之交臂，当然也不完全如此。若干年后，我担任某国家图书馆馆长期间①，要编纂国家书目和全国联合目录，我发现我们的编目员们卷入了关于机读目录（MARC）格式的激烈争论中，要在 USMARC、UNIMARC 以及现在被忘却的南非变种 SAMARC 之间做选择。我了解到，格式之间的差别，对于我们的国家书目职能有着管理上和经费上的意义；关于规范控制地盘的争论（哪个机构的编目员最好？）需要用外交方法来处理。

所有这些问题都在国际层面有所体现。20 世纪 80 年代和 90 年代之间，我参与了国际图联的"世界书目控制"（UBC）和"出版物世界可获得"（UAP）项目。编目和编目标准在那些雄心勃勃的国际性书目记录共享和文献提供的方案中都非常突显。确实，作为国际图书馆学和比较图书馆学的学生和教师，我的视角与众不同，所以我很欣赏马乌罗·圭里尼的这本专著，它告诉我们当代编目理论和原则发展中国际思想交流和正式的国际合作是多么重要。

回首我自己的经历，我认为过去图书情报专业的学生和从业人员所获得的负面名声可能是教学内容所致。我们所学的是规则。我那个时代教学

---

① ［译者注］"某国家图书馆馆长期间……"，原文是"Some years later as the director of a national library which compiled a national bibliography and a national union catalogue"，没有提及是哪个图书馆。实际上彼得·洛尔博士是南非国家图书馆的第一任馆长，参考信息：https://www.liasa.org.za/page/peter_lor 。

大纲中明显缺失的是编目的基础——规则底层的哲学和原则。为此,本书提供简要明了的介绍,并提供丰富的例子和参考资料。读完这本书,我自己也填补了关于当代编目理解中的很多空白,了解它如何演进到我们目前所处的位置。它对于国际图书馆学和比较图书馆学以及信息工作来说,是一个非常有用的贡献。

彼得·洛尔① (博士)

---

① [译者注] 彼得·洛尔,在南非比勒陀利亚大学获得图书情报学博士学位,曾任大学教授、图书馆馆长等职务,是南非国家图书馆的第一任馆长,并于1996—2000年担任国家图书馆馆长大会主席。彼得·洛尔曾为联合国教科文组织起草国家图书馆立法指南,于2005—2008年间担任国际图联秘书长。2022年,他获得南非图书馆协会终身成就奖。参见:LIFETIME ACHIEVEMENT AWARD FOR PETER LOR [EB/OL].[2025-02-11].https://www.liasa.org.za/page/peter_lor.

致　谢

本书是 2022 年意大利图书馆协会（Associazione Italiana Biblioteche）出版的《从编目到元数据创建：发展历程》（*Dalla Catalogazione alla Metadatazione：tracce di un percorso*）意大利语第二版的修订更新版。

芭芭拉·B. 蒂利特（Barbara B. Tillett）对文字进行了点评，并尽可能予以修订。我为此非常感谢芭芭拉。感谢阿克巴里·达里安（Akbari Darian），她提出了一些重要建议。感谢多箩西·麦盖里（Dorothy McGarry）、彼得·洛尔（Peter Lor）和托马斯·布尔克（Thomas Bourke），他们认真阅读文字，并给予点评和修改建议。感谢彼艾尔路易吉·费利奇阿蒂（Pierluigi Feliciati）和拉波·吉林盖利（Lapo Ghiringhelli），他们给予我帮助。德尼丝·比亚乔蒂（Denise Biagiotti）和拉乌拉·曼佐尼（Laura Manzoni）在全书的编辑过程中都是很有能力的沟通者。特别是，德尼丝·比亚乔蒂写作了 2.3 节"元数据：一个多语义的术语"，拉乌拉·曼佐尼写作了 5.2 节"关系"和 5.5 节"实体标识符"以及第 7 章"《资源描述与检索》"。

所有网站的访问日期都是 2022 年 6 月 30 日。

目　录

图目录

1 编目和元数据创建：文化和技术活动的中心性

当代编目理论取代了传统编目范式① （Taylor，1993），支持采用元数据的方法论。书目资源②的发现工具已经（并将日益）置于语义网的语言中。这一进展强调了数据的颗粒度和原子化。紧凑的、封闭的记录受到了新的开放结构的冲击。数据个体都被装配起来，通过各种关系互相连接。这一发展开始：

- 从 20 世纪 60 年代中期随机读目录的使用而务实地基于技术层面。
- 从 20 世纪末随《书目记录的功能需求》（FRBR）而有意识地基于概念层面。

特别要指出的是，FRBR 强调与记录整体相关的个别元素。FRBR 还支持书目资源（或仅是资源）的数据的识别，赋予个别记录以"高""中""低"的价值。

资源的评价是从记录管理到数据管理的先决条件，而数据管理则是涉及标识和连接与如下相关的数据的过程：

- 作品

---

① ［译者注］"范式"（paradigm）是在任何特定时期，界定一门科学学科的一套概念和实践。自然科学中的科学革命，与范式的变化相关。参见：库恩. 科学革命的结构 ［M］. 上海：上海科学技术出版社，1980. 在最早的版本中，该词翻译为"规范"，后来都通用"范式"这一译名。

② 我们所说的"资源"指可以成为图书馆馆藏部分的任何东西。

● 著者

● 主题

数据通过受控词表和本体（特定知识领域的共享和清晰的形式表示）所定义的术语来进行构造。

数据管理不同于传统的记录管理，它是典型的基于万维网的工作。然而，在技术的背景下，数据管理加强了书目分析（见4.4节）的严格性。有一个基本观点：新的记录（或数据集）比传统记录更注重信息源。

元数据被用于人类知识的每个领域和活动。它们倾向于描述现实世界的对象的集合。元数据可以涉及一个模拟物（人、作品、艺术品、概念等）和一种数字收藏或者是其一个部分。由此导出的是更广阔的元数据景象，包含研究经验所必需的跨领域。事实上，语义网并不区分书目数据和其他类型的数据。只有关联数据可共享、模块化、可复用。关联数据由在其专业领域中权威的活跃机构创建、丰富、修改。这种数字环境创建了新的工作方式，并促使不同领域（图书馆、档案馆、博物馆、行政机关、医疗机构、法律机构等）基于可互操作和可复用数据的不同行动者的参与和协作。数据或数据集可以被抓取和复用。它们可被改成各种形式，并通过不同的程序得到完善，但它们的身份没有被改变，不管在哪个特定的领域里使用。例如，一个取自 GeoNames（一个源自地理学领域的服务）元数据的地名可以通过链接被使用，来引用参考资料的出版地。

出于互操作性目的的数据共享、不同领域的数据复用，以及数据与其他现有的或仍在发展中的数据（没有任何存取限制）的交互都是重要的功能。万维网，特别是语义网，从根本上是民主的。它使数据交换成为可能。例如，针对使用者和软件代理的用关联开放数据（LOD）技术的数据发布和复用。从文本记录到数据的转变，以关联开放数据的范式的引入为标志，它产生了预期中的大转变，并继续重新定义编目的概念。

在图书馆学中，元数据创建是数字时代的编目工作。它是记录元数据的过程，而元数据则是对于标识和检索资源至关重要的数据。从字面意思来说，元数据就是数据的数据，它们是关于其他数据的结构化信息。换句话说，它们是描述其他信息的信息集合。它们源自资源本身，有时来自书目资源库①。元数据便于互操作，就是数据的查找、检索、管理和复用。

简而言之，元数据创建就是用于协调的和结构化的信息系统之元数据 **3**
的创建。通过这一过程，我们从数据转向元数据，它包括如下的标识：

- 应用环境（如书目、管理、医学、法律等方面）；
- 信息的重要类型（对于图书而言，如题名、著者、版本、出版地和出版日期）；
- 信息的后续"抓取"和管理、其处理以及特定需要的应用。

观点和逻辑经过变化，转化为元数据创建。首先元数据创建保持并凸显了作为蕴涵资源之知识（是什么，是谁的）的文化活动的不同特征。其次，它是一种技术活动（它蕴涵专业语言的知识）。最终，实施这些过程的模式再次变化。我们考虑一下，从卡利马科斯②（Callimachus）的时代到今天，它们变化得多么频繁。然而，从编目作为馆藏（和每一种的资源）与读者之间的有意识中介过程而言，其深层含义没有什么变化。教条的精神不能作为编目的教育方法之特征。相反，它要求对所描述③的

---

① ［译者注］此处原文为"bibliographic directories"，比较令人费解。查意大利语版（Dalla catalogazione alla metadatazione：Tracce di un percorso），这里是"repertori bibliografici"，所以译者认为应为"bibliographic lists"或"bibliographic repositories"，并与原著者核实。

② 卡利马科斯是公元3世纪的希腊学者、亚历山大城图书馆的图书馆员和编目员，他创建了《书表》（*Pinakes*）这种当时所有希腊文献的综合性书目。

③ ［译者注］"所描述"的英文原文是"to be described"。关于description和其相关的describe、descriptive、described等不同形式，在英文中含义没有变。在中文语境中，在传统编目领域被翻译成"著录"，而在元数据编目中被翻译成"描述"。例如，在《国际标准书目著录》（ISBD）中，其被翻译成"著录"，到了《资源描述与检索》（RDA），都用"描述"表示。所以，在本译文中，我们可能交替使用两种不同的表达，并作适当的说明。

书目对象具有批判性思维以及编辑和历史复杂性的认识。

现在和未来的目录（不管以后继续用这个名称还是改成其他名称），将继续在万维网上发挥中心作用。因为万维网的特点就是没有中心，目录不可能在万维网的中心。然而，目录却发挥了工具的功能，反映了图书馆协作的能力以建造一个受控的过程并提供高质量的数据（Oddy，1996）。

在这个背景下，编目的意义被重新提起，戈尔曼（Gorman）在 1998 年 4 月 18 日加州大学洛杉矶分校纪念柳别斯基（Seymour Lubetzky）诞生 100 周年纪念活动上概述了他的功绩，并用"伟大的传统"来支持这个观点。他用文学评论家利维斯（F. R. Leavis）的观点来进行类比。利维斯认为，英语小说的伟大传统起始于乔治·埃略特（George Eliot），终结于 D. H. 劳伦斯（D. H. Lawrence）（Leavis，1948）。

英语描述性编目有其自身的伟大传统，它开始于安东尼奥·潘尼兹（Antonio Panizzi）的《91 条规则》（*91 Rules*），并在柳别斯基的著作中达到最新的高峰。鉴于其影响和其思想的力量，我们完全可以把英美编目的历史称为"从潘尼兹到柳别斯基"。

（Gorman，2000）

编目的传统开始于 1841 年潘尼兹的《91 条规则》，并由《论图书馆目录的建设》（*On the Construction of Catalogs of Libraries*）继承了下来。《论图书馆目录的建设》由史密森学会（Smithsonian Institution）出版于 1852 年，并于 1853 年出版最终版，作者是查尔斯·科芬·朱伊特（Charles Coffin Jewett）（Jewett，1853）。在 19 世纪和 20 世纪之间，查尔斯·阿米·卡特（Charles Ammi Cutter）发展并巩固了这一传统，柳别斯基的两部最重要的著作使之达到了顶峰，这就是《编目规则：著者和题名款目》（*Code of Cataloging Rules：Author and Title Entry*）（Lubetzky，1960）和《编目原则》（*Principles of Cataloging*）（Lubetzky，1969）。

如意大利图书馆员卡尔罗·雷维利（Carlo Revelli）所述，"编目技术的变化，与所得到支持的转变和倍增密切相关，但并不否定 1876 年那个传奇性的年份以来卡特所描述的传统路线的基础。"（Revelli，2014）所以，编目在进化，其方法论由解释和评价的行为组成。编目不仅仅是规范的应用，而且是要求能力、时间、精力、技能和责任的活动（Cerbo，2011）。

2　万物皆流

> 无物常驻，或用赫拉克利特（Heraclitus）的话说，
>
> 万物皆流（*panta rei*）①。

2.1　转念

从 20 世纪 70 年代以后的 20 年间，编目经历了第二次文化和技术上的革命，其特征是从纸张范式到自动化范式之间的转变。要理解数字环境中的编目之意义，就要求初学者持有一个受到普遍关注的观点：其过程是复杂的，并被重新设计的。对于那些已经熟悉编目的人们而言，新的数字环境要求进一步的范式转移——要求转念（metanoia）②，这是一种"思想转变"、一种公开的知识选择，这是一种有意识的选择，不受经常是临时性的常规的约束。

---

① ［译者注］赫拉克利特（约前 544—前 483 年），古希腊哲学家。"万物都处于流变状态的这种学说是赫拉克利特最有名的见解"，"他对于普遍变化的信仰，通常都认为是表现在这句话里：'万物都在流变着'"。参见：罗素. 西方哲学史：及其从古代到现代的政治、社会情况的联系（上卷）［M］. 北京：商务印书馆，1982：73 – 74.

② ［译者注］这里原文是 metanoia，希腊语原文为 μετάνοια，意思为"改变思想"（changing one's mind），有心理学和神学等方面的含义。为了适合中国人阅读习惯，译者翻译成"转念"。

反思编目传统是要：

- 理解哪些过程值得继续并发展；

- 哪些过程曾经创新但已经"江郎才尽"。

万维网改变了读者的行为并影响了使用者的任务，亦即查找、识别、选择和获取信息和资源的方式，以及探索书目世界的方式。万维网是大多数检索发生的场所。许多读者感受到，目录所描绘的书目世界与联机和通过搜索引擎可获取的海量信息之间的距离非常遥远。所以，使用者经常在研究的开始，甚至到研究的结束，都不查目录（Dunsire and Willer, 2013）。

我们可以指出万维网带来重大变化的四个宏观背景：

(1) 技术背景：万维网的到来，特别是语义网的出现，提供了不同的工具，使数据的形式和使用都有新的可能性。

(2) 社会背景：使用者偏好用搜索引擎作为其书目检索、发现信息的主要工具。他们要求与目录进行互动，和使用万维网一样有自主性和独立性。

(3) 信息背景：新的数字资源快速增长，传统的目录不再有能力管理这些新的资源。

(4) 一般文化背景：许多使用者失去了信息源的定性层次结构的感觉，也没有文化信息出处的感觉。在日常环境下，大家倾向于不去确认信息源的权威性以及出处的可靠性。在各个领域（医疗、法律、政治、职业等）的情况都如此，而且对书目可靠性的需要正在减弱或者消失。

从数据库中的书目记录管理，我们走向（有时候已经达到）数据的直接管理，这就和在其他领域里一样了。数据的中心地位取代了记录的中心地位。《国际标准书目著录》要求用约定标识符①标记既定著录项的结

---

① ［译者注］"约定标识符"原文"conventional punctuation"，在《国际标准书目著录》中一般被称为"prescribed punctuation"（规定标识符）。

构化数据，这被数据的标识和链接的过程所取代。

每一个技术变化都涉及过程和结果的变化。从图书目录到卡片目录的转变便于快捷地更新目录且成本更低。此后启用的电子目录要求编码和规范文档管理，并克服了单一物理排序序列的局限。这也使我们有可能提供不同排序和分组的机会。特别是，电子目录使检索可以从标目扩展到著录的文本。如今，目录向万维网转变，分解了记录数据包，将所表示实体的标识和它们的独立注册链接起来。这个新的维度使数据可以被任何应用所利用，甚至包括图书馆背景外的非偶然性信息源。

卡尔罗·比安基尼（Carlo Bianchini）简单说明了这两个过程之间的差别：

> 由编目和元数据创建这两个过程所产生的资料产品是不同的。编目生产出的目录，是一个与各种类型资源相关的记录的列表，记录根据既定的标准排序并可检索，目录也以这个标准为基础构造，即按著者、按题名、按分类、按主题等排序。元数据创建则生产出资源的元数据，其检索描述的方法和数据呈现的结构都是开放的，并可以事后定义。因为有了元数据，我们可以得到和印刷卡片或者电子目录同样的编排和同样结构化的信息呈现，而且还可以得到更多（其他的方式）。
>
> （Bianchini，2022，109 – 110）

在元数据范式下，数据可以用多种方式被装配并可视化。所选数据集不再必须与其呈现（即其可视化）一致。数据可以自由通过不同方式聚合，当然前提是有逻辑地而不是任意性地聚合。记录的解构在概念的层面上产生了一个显著的转变，对书目世界和读者之间的中介工具有明显的影响。例如，以下"一大块"注册信息：

Our enduring values, revisited: librarianship in an ever-changing world/ Michael Gorman. — Chicago: American Library Association, 2015. — 240 p. —

ISBN 978-0-8389-1300-0.

可以被分解成其组成部分的数据：

- Our enduring values，revisited——正题名
- librarianship in an ever-changing world——其他题名信息
- Michael Gorman——与正题名相关的责任说明
- Chicago——出版地
- American Library Association——出版者名称
- 2015——出版日期
- 240 p. ——数量
- ISBN 978-0-8389-1300-0——载体表现标识符（见 2.2 节）

在过去的几年里，使用者行为受到三种技术转型的深刻影响。

（1）无线连接（Wi-Fi）网络的普遍性保证了连续性和无所不在的连通。

（2）个人移动设备（平板、智能手机等）、语音识别技术、可以接收使用推送技术①的信息源发送更新数据的专门应用小程序的普及。

（3）帮助并指引使用者完成活动和实现任务的人工智能（artificial intelligence，AI）算法的日益采用。

这些颠覆性的创新产生了综合的影响，也引发了人机交互方式的重大且不可逆转的变革，甚至图书馆也不能置身事外（Spitzer，2012）。

于是，我们想起不断有人提出的问题：万维网的传播、最新的技术以及联机内容的可获得性使得目录和（更广义的）图书馆本身都边缘化了吗？它们都过时了吗？答案：当然不是。甚至谷歌图书这样的倡议都没有超越它们。然而，不可否认，新的文化和技术背景促使图书馆去深刻反思

---

① "推送技术，或称服务器推送，是基于因特网的一种通信方式，其中指定事务的请求由发布者或中央服务器发起"，见：https：//en. wikipedia. org/wiki/Push_technology.

其馆藏的构成、可获得性和可利用性，将其服务与模拟馆藏和数字馆藏连接起来。图书馆过去一直而且以后必将继续在被记录的知识的保存、保护、改善和使用方面发挥关键作用。虽然，这个过程面临去中介化（不依靠研究工具甚至不依靠创建研究工具的人）的问题，但这也在控制之中。诸如网域发现服务（WSDS）等工具，也只是把使用者置于表面上似乎去中介的条件中。

在这个变化的形势下，编目没有被放弃，而是被丰富，并不可避免要适应新的环境。正如艾伦·丹斯金（Alan Danskin）在 2006 年首尔的国际图联大会上的报告中所提出的权威观点：

首先，编目是什么意思？在本文中，我采纳了一个广义的定义，包括如下活动：

- 描述资源，充分标识以区别于其他类似资源；
- 标识并控制检索点；
- 标识并控制与其他资源的关系；
- 资源的主题分析；
- 分配主题标引词；
- 分配分类号。

编目所面临的挑战也很明了。我不特别按顺序罗列以下主要的挑战：

- 日益增加的输入；
- 新的资源类型；
- 来自其他中介服务的竞争；
- 编目高成本低价值的感觉；
- 财务紧缩；
- 劳动力减少。

9

这些挑战令人生畏。

（Danskin，2006，205 - 209）

我们该怎么办？这位英国图书馆员扪心自问：

通过对挑战的分析，有两个关键问题浮出水面：

（1）编目在万维网环境下是否还有意义？在中长期是否还
会继续有意义？

（2）如果编目仍然有意义，是否有必要变化以迎接挑战？
在短期和中期，我们必须反复回答说"是的!"

（Danskin，2006，205）

图书馆和读者之间的关系已经变化。编目员接受了万维网和当代技术
的挑战。他们采纳了数字时代的典型语言，并提出新的理念。这些都是在
国际图联背景下和在图书馆界最有代表性的层面上长期反思的结果。例
如，1998 年英美编目条例的原则和未来发展国际大会、2001 年的新千年
书目控制大会，都值得一提。

2.2　新概念和新术语

在编目新理论构想和向新类型目录细致、艰难、非线性的转变开始阶
段，功能需求家族（FR family）的书目模型在过去和今后都一直是所用
和所介绍的被用于内容、术语的基本参考。它们包括：《书目记录的功能
需求》（FRBR）、《规范数据的功能需求》（FRAD）、《主题规范数据的功
能需求》（FRSAD）及《国际图联图书馆参考模型》（IFLA LRM），这些
都是国际图联发布的文件（Pisanski and Žumer，2010）。所以，我们有必
要给一些概念和术语下定义。

书目世界是 20 世纪末进入图书馆界语言体系的一种表达。这个术语
通过《书目记录的功能需求》定型（Tillett，2008），可以被定义为人类 **10**

社会通过任何传递媒介记录过并且可以通过图书馆、档案馆、博物馆和万维网获取的知识的集合。

书目世界包括任何类型的资源，不管是模拟的还是数字的，还包括对这些资源负责或者在其中扮演角色的个人和机构。数字世界典型的各种新型资源和阅读文本、观看图像、聆听音乐的新方式都在不断变化。近几十年来，出版新技术实现同一作品多种版本、多种格式或多种呈现形式的可能性，如印刷图书、音频图书、电子书（pdf、html、epub、mobi 等格式）或数字图书。上述最后那种图书形式，我们可以定义为是二维的。它由密不可分的内容和元数据组成，好比同一枚硬币的两面。作品的内容和其元数据之间建立的关系，使我们想起冰山的样子：内容由冰块的浮出部分组成，而元数据则表现为使水上部分能漂浮起来的水下部分（Guatelli，2020）。

随着无形的数字资源的出现，特别是自从 20 世纪末逐渐增加，书目世界经历了深刻的变化。这就助推数据和资源的组织和使用以及用以创建数据和资源的研究方法的崭新范式的产生。虚拟馆藏的诞生，文本、声音和图像可被越来越精细和复杂的定义来描述，随之而来的开放获取，这些都打开了之前无法想象的研究之门。

书目世界的创新带来术语层面上的变化。和日常生活中的语言一样，一些短语有了新的意义，也有一些新造的词汇产生。我们越来越少使用文献、编目、目录、记录等术语，而越来越多使用诸如行为者、创建者、数据、数据集、发现、元素、实体、格式、实例、单件、元数据、资源、字段号、三元组等词①，它们几乎都来自信息技术领域或者语义网背景。编

---

① ［译者注］这些术语的原文是 agent, creator, data, dataset, discovery, element, entity, format, instance, item, metadata, resource, tag, triple。"行为者"（agent）源自 IFLA LRM。这个术语来源于信息技术行业。在人工智能领域，agent 也被翻译成"智能体"或"智能代理"，有类似的含义。在本书中，"software agent"还是被翻译为"软件代理"。"元素"（element）在传统编目领域中也被翻译成"著录单元"。

目这个术语继续在很多领域中使用，但其意义比过去要广泛。一些新的职业名称也随之出现：元数据管理员、数据管理员、数据维护馆员、数据参考馆员、数据收藏建设馆员。

在新元数据的视角下，实体通过关系而被标识和连接。我们以后会谈到，《书目记录的功能需求》《国际图联图书馆参考模型》和书目框架对此进行了解释。关系的网络允许读者比过去更容易地在实体之间导航，并发现他们所需要的资源。

文献这个自从 20 世纪下半叶以来一直被广泛使用的术语，现在已经 **11** 被排除在国际图联 2009 年出版的《国际编目原则》（ICP）之外，它目前仅限于在档案的环境下使用，而在图书编目领域被取代为书目资源或者资源。

资源这个术语表示模拟或数字的实体，包括知识的或艺术的内容（或两者兼有），作为一个独立的单元构想、制作和出版。它指知识的所有可能的形式和所有可能的承载物，也就是图书馆和其他记录记忆的文化机构所保存的所有类型的资料，即手稿、古籍和现代图书、电子书、连续出版物、乐谱和音乐演出、固定的和移动的图像（视盘、视频游戏、影片）、地图、照片、录音、档案文献、艺术品以及所发现的所有种类的物品，不管是模拟形式的还是数字形式的。简而言之，资源代表传统图书馆或数字图书馆配置的所有东西。它包括个别实体，也可以是此类实体合集组成部分（如三张地图、一期杂志中的一篇文章）。它可以表示有形的实体（如纸型图书）或无形的实体（如网站）。《英国国家图书馆馆藏元数据战略》（*The British Library's Collection Metadata Strategy*）在其术语部分中就提供了如下定义："描述、解释、定位或者用其他方式便于检索、使用或管理信息资源的结构化信息。"①

---

① *The British Library's Collection Metadata Strategy*，www. bl. uk/collection – metadata/strategy – and – standards，p. 8.

关于仍在进行中的术语变化，卡尔罗·比安基尼（Carlo Bianchini）说道：

> 新术语意在强调文化机构收藏的表现和利用方法中所发生的变化。博物馆、图书馆、档案馆的目录曾经是发现藏品的工具。我们应该承认，随着语义网的出现，这些工具中所包含的信息不仅可以行使这个任务，还可以完成许多其他任务，这才是一个具有巨大文化、社会，甚至经济资产的资源。由于这个原因，元数据从只关注涉及文化遗产（例如，图书、文献、艺术作品）的信息转到检索工具中所包含的关于元数据所表示的任何实体的可检索出的多重信息。从这个角度来看，所有关于馆藏的数据是一种资源，而不仅是与某特定单件［例如，一个特定的事件或一个特定的复本（书目资源）］相关的数据。关于作品或其内容表达、个人、地点（例如，城市、行政区划、环境）或时间段（例如，一天、一年、一个纪元）的任何数据，不管该数据由图书馆、博物馆、档案馆或其他权威机构创建，都是共同的、公共的和可共享的资源。在语义网背景下，资源这个术语表示所有实体及其数据；这表明对检索工具的数据功能的观点更为宽泛，更为兼容并包；这定义有用并可用，因为它是横向的，允许人们跨越特定文化机构的界限。这点非常重要，因为市民如果要检索关于一个人或一种作品的信息，都是全面性的（也一直都这样），他/她所接收到的反馈也应该不限于特定机构（图书馆、档案馆、博物馆）所拥有或可获取的信息。资源这个术语使我们能与对语义网的增长作贡献的其他所有行动者进行适当的互动；为了对话，我们需要共同的语言。

（Bianchini，2022，131）

根据《书目记录的功能需求》和之后的《国际图联图书馆参考模型》

的实体识别过程，我们有如下概念：

- 单件：单元；对于图书，就是一套相同复本的单一见证、单一复本。
- 载体表现：被认为在知识内容或艺术内容以及物理形式方面具有同样特征的所有载体的集合。这一集合根据总体内容及其载体制作方案两者一起定义（IFLA LRM，2017，25）。
- 内容表达：作品的知识实现或艺术实现。
- 作品：一种特定的艺术创造或知识创造①。

合集是一种资源类型，其中一种或者多种作品的多种内容表达被包含在一种载体表现中。典型的例子如下：

- 文选和课程：其中不同的文字资料被出版于一种载体表现中，其文字组织者的知识贡献得到认可。
- 双语平行翻译：包含同一作品的两种内容表达（原文字和翻译文字）。
- 资源中主要的和独立性作品被附加的文字资料补充：诸如序言、评注、附图，例如丹尼尔·笛福（Daniel Defoe）的《鲁滨孙漂流记》（*Robinson Crusoe*）加上爱德华·肖（Edward R. Shaw）为教师写的引言。

《国际图联图书馆参考模型》的术语部分（IFLA LRM，2017，100）定义了实体、属性、实例、关系如下：

- 实体：概念对象的抽象类，表示模型中所关注的关键对象（IFLA **13**

---

① ［译者注］单件、载体表现、内容表达、作品这一组实体，最早出现于1998年的《书目记录的功能需求》。此后国内有不少研究，但对于初学者还是比较费解的。这四个概念，从具体到抽象，通俗解释可以进行如下理解：单件就是手头我们获得的一本图书或者一张盘片；载体表现就是同一个版本的一批图书；内容表达就是更上一层次具有同样文字内容或者艺术表现的各种版本或者各种艺术改编，而最上层的作品则不是常规作品概念，是抽象的概念性的创作。关于这些概念，本书第3章还会做进一步介绍。

LRM，2017，100）。它们是作品、内容表达、载体表现、单件、个人、团体等。

- 属性：表征实体特定实例的一种数据类型（IFLA LRM，2017，100）。例如，载体表现的数量、一个人的职业等。
- 实例：一个实体的特定样例（IFLA LRM，2017，100）。例如，意大利丛书 *I Meridiani*（"子午线"）中 Cervantes（塞万提斯）的 *Don Quixote*（《堂吉诃德》）是载体表现实体的一个实例，Florence（佛罗伦萨）是地名实体的一个实例。
- 关系：实体实例之间的联系（IFLA LRM，2017，100）。例如，*Robinson Crusoe*（《鲁滨孙漂流记》）这个作品实体的实例和 Daniel Defoe（丹尼尔·笛福）这个个人实体的实例之间的关系，或者 *Robinson Crusoe* 这个作品实体的实例和 University Publishing Company（大学出版公司）这个于 1897 年在纽约和波士顿出版该小说的团体实体的实例之间的关系。

《国际编目原则》（ICP）明确排除使用书目单元这样的术语而使用载体表现，不使用标目而使用规范检索点或受控检索点，不使用参照而使用名称的变异形式，不使用统一题名而使用规范检索点、名称的规范形式或名称。

从《书目记录的功能需求》（FRBR）到《规范数据的功能需求》（FRAD）的题名变化很有象征意义。其中术语变化（从 FRBR 题名中的记录到 FRAD 题名中的数据）表示了从 20 世纪到 21 世纪发生的概念转变。值得注意的是，2008 年 12 月《国际编目原则》的半定稿在文字中用了记录这个术语，而在 2009 年 8 月 24 日米兰国际图联大会上提出的最终报告则采用了数据。这一概念转变也反映在 2016 年版《国际编目原则》中不再使用的术语：规范记录被替代为规范数据，书目记录被替代为书目数据。

导航这个术语反映了数字时代的典型概念。它指实体之间联系的跳转。它假设在图书供应链中存在一个作品、版本（内容表达、载体表现）和著者、贡献者、出版者及其他行动者之间存在一个关系网络。关系把每一个实体与其他实体连接起来，建立一个十分庞大的网络，即作品这个实体和具有创作者、贡献者（前言著者、翻译者等）、出版者、主题等角色的行为者（个人或团体）之间的关系。关系使得读者可以发现所需要的资源，并找到其他语义和功能类似的资源。

实体之间、不同类型和来源的数据之间的导航功能，由埃莱娜·斯威 **14**
诺纽斯（Elaine Svenonius）提出①。这个功能最早在《书目记录的功能需求》中被预示（5.1 段，然后被《国际编目原则》采纳），而初稿的起草人就是斯威诺纽斯、汤姆·德尔塞（Tom Delsey）和芭芭拉·B. 蒂利特②。斯威诺纽斯在她的当代编目理论基础著作《信息组织的知识基础》（*The Intellectual Foundation of Information Organization*）（Svenonius，2000）概述了共同概念框架中的编目话题，其中就谈及导航③。导航的经历就是发现你所要寻找而尚未知的东西。对于任何类型的目录，我们都曾有过这样的经历：按事先没有预料的书目轨迹旅行，沿着越来越复杂而意料之外

---

① 在斯威诺纽斯的著作（Svenonius，2000）之前，navigate（导航）这个动词出现于《书目记录的功能需求》（FRBR，1998），5.1 段，第 56 页，而使之成为第五个任务的建议出现在意大利图书馆协会编目研究组给国际图联编目组的意见。见：AIB Study Group on Cataloguing（1999），Observations on Functional Requirements for Bibliographic Records：final report，Bollettino AIB，39，3，303–308。斯威诺纽斯是柳别斯基在加利福尼亚大学洛杉矶分校的同事和朋友，他们都在那里教书，而柳别斯基甚至在退休后仍在那里教课。柳别斯基快到 105 岁的时候去世。见：Svenonius and McGarry（2001）；Gorman（2000）；Connell and Maxwell（2000）。[译者注] 这里第五个任务（Fifth task）应该指第五个"用户任务"（User task）。

② 汤姆·德尔塞和芭芭拉·B. 蒂利特都是斯威诺纽斯的学生；芭芭拉·B. 蒂利特在加利福尼亚大学洛杉矶分校获得博士学位，而汤姆·德尔塞则在加拿大西安大略大学（University of Western Ontario）获得博士学位。

③ 加利福尼亚大学洛杉矶分校图书情报专业的硕士生们给这本书起绰号为"红魔"（The Red Devil），因为这个本书的封面是红色的，而且所涉及的话题非常复杂。大家都很焦虑，怕考试通不过。

的路线。作为对比，我们使用机缘这个词，来表示对所进行之中的探究有意义的、自由的、意外的、令人惊奇的发现①。

2.3　元数据：一个多语义的术语

数据（datum）（源自拉丁语 datum，意为"礼物、给予之物"）是一条信息、一个现象、事务和事件的实体的正式的基本描述。国际标准 ISO 5127：2017 只提供了复数形式 data，定义为"用适合于通信、解释和处理的形式化方式的信息的可重新解释的表示"（ISO 5127）②。

数据可以表示为许多形式，如文字、图像、视频、声音等。我们也会谈起数据库的统计数据和数学数据。更广义地，我们会说个人数据，指的是与个人的私人生活或公共生活有关的所有东西。在行政职能方面，我们会要求数据填写在表格里，或者满足多种需要。数据可以被处理、储存和传播。数据也可以被储存在不同媒介中，如纸张、磁、光、数字（激光唱片、激光视盘、硬盘等）等物理形式，也可以通过电信网络在若干用户之间传递（如维基百科）。

元数据体系的诞生，与数据集的研究、无歧义的识别、综合和管理的需要密切关联。例如，元数据使得图书可以在图书馆目录中被定位，或者在亚马逊网站或其他数字平台上销售；一段音乐可以在油管（YouTube）平台上被找到；一个人可以在脸书（Facebook）或照片墙（Instagram）上被定位。元数据生来就是要解决问题并行使职责的。

---

① 事实上，机缘就是在专注于自己的研究路线之外，注意到某事物，并认为这一突如其来的观察可以作为新的认真研究对象，最后发现与起点不同的事物。

② ［译者注］该国际标准所对应的中国国家标准是《信息与文献 基础和术语》(Information and documentation—Foundation and Vocabulary)（中华人民共和国国家标准，GB/T 4894—2024），2017 年国际标准对应的中国国家标准刚修订完成。因为标准制定需要，各种术语之间措辞协调，所以中国标准的表达不一定完全一致。

元数据是一个相对新的词。它出现于 20 世纪下半叶，只有我们从内涵的元数据管理转向逻辑上的形式化时，元数据才进入了图书馆界的常规使用。形式化意味着管理书目数据的概念模型出现。

元数据是描述其他信息的信息集合。ISO 5127：2017 国际标准定义元**15**数据为"关于其他数据、文献或记录并且描述其内容、背景、结构、出处和/或其附带权利的数据"（ISO 5127：2017）。

元数据（metadata）这个词由希腊语前缀 μετὰ（meta：超越、之后、之上）① 和数据（data）组成，而 data 则是拉丁语中性名称 datum 的复数形式。"元"（meta-）的前缀经常用于描述一个新的学科，并用批评的口气称呼之前的学科。它表示一种变化、改革、置换或取代。"形而上学"② 这个词就是这个意思。此后，延伸至许多其他学科。当代的这个词的起源，可以追溯到信息技术的环境，特别是在数据库的语境下。它在不同领域和功能下有不同的意义，所以很难给这个概念一个清晰的定义。

元数据这个概念本身存在于许多信息语境中。当我们看到万维网上的数字图像，如尺寸、日期、格式等性质就是它的相关元数据。这也适用于 Word 文档或其他已知属性的文件。元数据是一种资源的"限定语"，便于正确描述特征。它们是用以标识资源并将其链接到其他相关资源的必要的和充分的特征。元数据限定实体的每一个属性，即书目属性（如作品、题名、著者、贡献者、出版者）或其他属性。这个术语被采纳用于描述不同科学界内部的数据集，如一个研究项目的数据记录或者一个病人的医疗

---

① ［译者注］本书原文只有一个希腊字母 μ，疑为著者笔误。经过与著者沟通，完善为四个希腊字母的前缀 μετὰ。

② ［译者注］"形而上学"（metaphysics）的字面意思是"元物理学"或"物理学之上"。形而上学通常有两种含义：研究超感觉的、经验以外对象的哲学；与辩证法相对立的、用孤立的静止的片面的观点观察世界的思维方式。参见：《中国大百科全书》（第二版）［EB/OL］.［2024-03-17］. https://h.bkzx.cn/.

数据。1994 年后，元数据被地球物理界用于地理空间数据，如名称、可获得性、与指定用途的相关性、访问方法、传输模式（Dillon，2000）。

这个词的构词法和几乎是同义反复的定义（关于数据的数据）强调了数据（资源的主要信息）和元数据（与资源本身相关的信息）之间的联系。元数据对于描述资源、定位资源、检索资源是至关重要的。换句话说，元数据是在任何语境中唯一标识资源的信息集合。

编目是一种数据生产行为，与给定的数字或物理对象有关。编目员在实施其活动的时候，只不过是报告信息，亦即根据已经定义的模式结构化的数据，将被编目资源（如图书）的某些方面表示出来，目的是对使用者的研究提供支持。数据最初转换成元数据，然后元数据又成为数据。所以，很明显编目被设定为创建元数据的行为，其最严格的含义，就是创建结构化数据（Long，2016）。

16

于是，还有一个问题：编目和元数据创建有什么区别。元数据的起源应该可以解释为一种扩充，特别是在数字时代中的扩充。事实上，元数据这个术语应该在边界交叉内适当语境化，这种交叉同时影响了馆藏和图书馆工具。从第二代联机公共检索目录（OPAC）到被定义为网域发现工具的逐渐过渡，表明从主要侧重图书馆物理馆藏的管理和呈现的工具，向存取各种来源（不管是专门领域的数据库、商业提供者或书目引文数据库）的统一系统的转变。使用元数据这个词，表明了打开一个更多面的现实的意愿，即一种依赖于不同且不那么严格的数据创建规则和方法论、针对其他模式和对话者的方式。

所以，从逻辑上讲，编目和元数据创建并非迥然不同。它取决于语境，因为它实质上就是同一个活动，也就是数据创建：为印刷资源创建较严格的编目数据（catalographic data）①，为任何类型资源在任何应用语境

----

① "元数据思想适用于不同领域；但是对于图书馆而言，主要是为图书目录制作构想的"（Kalita and Deka，2020）。

甚至在图书馆之外创建最广泛意义的数据。

2.4　图书馆、语义网和关联数据：数据馆员

概念和术语变化也对管理方面带来影响。许多大型图书馆的有关部门不再取名为"编目部"；在法国国家图书馆（Bibliothèque nationale de France，BnF），它成为"元数据部"（Département des métadonnées）；在英国国家图书馆（British Library），起初是叫"馆藏和元数据加工"（Collection and Metadata Processing）部，现在干脆叫"元数据"（Metadata）部；在斯坦福大学图书馆（Stanford University Libraries）叫"元数据部"（Metadata Department），而在美国和加拿大许多图书馆都叫"元数据服务"（Metadata Services）部。许多编目员，特别是美国编目员，都喜欢自称为"元数据创建经理"（metadata creation manager），如哈佛大学图书馆信息和技术服务部（Harvard Library Information and Technical Services Department）就如此。作为对比，元数据编辑器（metadata editor）则成为哈佛大学书目系统阿尔玛（Alma）中用于显示和编辑书目、规范、馆藏元数据的工具的名称。

自从 2015 年以来，国际图联的书目组、编目组、主题分析和检索组开始联合出版《国际图联元数据通信》（*IFLA Metadata Newsletter*）。在牛津大学博德利图书馆（Bodleian Library）的博德利数据图书馆（Bodleian Data Library）里开设了一项"询问数据图书馆员"（ask a data librarian）服务，就有数据图书馆员到场。

"数据馆员"越来越成为一种多面的并有活力的职业形象。这个词有 **17** 不同的含义，取决于数据生命周期的不同阶段以及不同的应用语境。

数据馆员是信息从业人员，他们拥有管理数据的文化和技术技能（数据管理）。他们是把数据用作资源的图书馆员，他们可以教育使用者

有意识地使用此类数据，因为他们与其他在数据科学领域的从业人员相比更全面了解图书馆学方法和原则。

类似的术语变化也影响了信息素养的传统概念，它演化成了**数据素养**①（data literacy）（Si et al.，2013）。数据素养包括在数据管理整个过程中支持使用者的所有活动。信息以最小的语境（图书、期刊、网页）被使用者获得，而数据则经常是非结构化的。所以说，实施数据素养是十分重要的。使用者对数据应接不暇，需要理解数据、情景化数据、识别数据的局限和潜力。这就是数据馆员的重要任务之一，如图2-1所示。

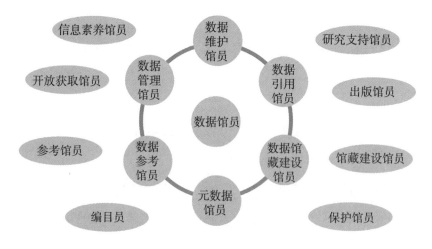

图 2-1　数据馆员的活动

在美国图书馆协会（ALA）出版的《重新审视我们的持久价值观》（*Our Enduring Values Revisited*）（Gorman，2015）一书中，迈克尔·戈尔曼（Michael Gorman），这个曾经在当代美国图书馆界和国际图书馆界发挥举足轻重作用的专家，把编目和分类定义为图书馆界最有知识的领域。当然，每个图书馆的服务既要求知识力量，也要求管理能力，馆藏建设工作就显示了这一点。在人们需要选择如何面对新的形势和环境的时候，如当

18

---

① ［译者注］从参考文献看，"数据素养"这个概念是中国武汉大学信息管理学院司莉教授在其2013年的英文论文中提出的。

新类型资源出现，或者意识到迄今为止的标准和规范的无效性的时候，理论就经常会产生自对危机状态的认识。这种现象过去发生过，现在也仍在发生。

万维网的发明彻底改变了我们与信息和可获得资源关联的方式。那是我们表达大部分职业自我和个人自我的地方。有了万维网以后，搜索引擎的出现也改变了我们发现和存取可获得数据的方式。例如，许多应用系统放弃了搜索结果按字母顺序呈现的方式，而更偏好相关度的顺序①。

因特网还促进了出版社和图书馆之间的协作，至少在意向上刺激了记忆机构（图书馆、档案馆、博物馆）之间的协作。协作的倡议用缩写 GLAM 表示（全称为 Galleries，Libraries，Archives and Museums，美术馆、图书馆、档案馆、博物馆）。

蒂姆·伯纳斯－李（Tim Berners-Lee）引入了语义网（Semantic Web）这个术语。他说道："语义网将给网页中有意义的内容带来结构，创建出一个环境，使得漫游在网页之间的软件代理能为使用者完成复杂的任务。"（Berners-Lee，Hendler and Lassila，2001）。它指基于关联数据和标准的技术的集合，其中资源可以用元数据描述并互相关联，使得机器可以理解它们的意义，即语义。语义网是数据的网络，可以追踪到数据和元数据通过资源描述框架（RDF）② 管理的全球数据库，而资源描述框架则是1997 年以来万维网联盟（W3C）③ 提出的用于结构化编码和元数据交换的各种可能模型之一。信息通过语句④来提供，而语句就是可以表达重要概念的最小单位，由 RDF 三元组（主语—谓语—宾语）构成。RDF 提供了一种共享的语言，可以作为所用不同数据模型的中介和通信方式，也可

---

① 相关度的问题是一个复杂而棘手的话题。相关度由算法确定，但事实上确定规则却经常是不透明的。

② 见：Web Standards. http：//www. w3. org/standards/semanticweb/data.

③ 一个旨在发展万维网潜能的一个国际性非政府组织，见：http：//www. w3. org.

④ ［译者注］这里原文是 statement，在《国际标准书目著录》（ISBD）和《资源描述与检索》（RDA）中都被翻译为"说明"，而在信息技术语境下被翻译为"语句"。

以允许共享和复用网上数据的应用系统之间的互操作。

从文献的网络（带结构化数据的文本的发布）到数据的网络（供计算机复用和检索的同样带结构化数据的文本的发布）的过渡具有根本性的影响，即数据的颗粒度更细。逻辑结构和颗粒度（或原子化）是理论完善中的决定性概念，它们导致了传统编目范式让位，而作为标志语义网特征的元数据方法论和编码标准得到采纳（Malmsten，2012；McCallum，2016；Guerrini and Possemato，2015）。

19

在过去的 20 年内，起初的文献的网络演化成为数据的网络，其中的关系（亦即符合要求的链接）在数据之间建立了起来，而不是在文献之间建立起来。对原始数据增加进一步的意义而实现数据在语义上的丰富，这使我们有可能产生价值网络，元数据在其中构成各种节点。在文献的网络中，信息查找不是为了其意义，而是作为字符串；而在语义网中，计算机可以检索、解释并复用结构化数据的汇集，并用推断规则支持自动化推理。

关联数据代表了一种通过其地址披露、共享和连接数据的一种方法，这种地址表达为统一资源标识符（URI）。一个区别性的特征，就是将数据与其他数据集链接起来。它们构成了建造一个全球网的理想要诀（Coyle，2013）。统一资源标识符可以应用于任何对象，而任何有统一资源标识符的对象都可以在万维网上被识别和被处理。统一资源定位符是统一资源标识符中最常见的一种类型，它是一个允许访问网页的地址，指示客户端计算机去哪里寻找资源（Schreur，2020）。在不同的语境和表示中，被标识的数据都是自主的、自洽的、可使用的、可复用的。

关联开放数据（LOD）是用关联数据技术创建的数据。关联开放数据除了可以被搜索引擎操作、链接和索引以外，还是开放并可自由获取的。本体是特定知识领域的可共享的和明确的形式表现。它们发挥关键作用，使开放关联数据成为可能。本体通过描述实体的特征并标识他们的现有关系来实现实体的表现。它们对于搜索功能有帮助，因为它们通过浏览关联概念的互联性使得一个领域的探究得以缩小或扩展（Dunsire，2012b）。

2.5 元数据和书目控制

当今的编目是世界书目控制（UBC）的一部分，这是国际图联和其他组织一起于 20 世纪 70 年代提出的倡议，旨在推动书目数据的共享，消除数据冗余，并鼓励此类数据的复用。该倡议预想，每个国家书目机构编目自己国家出版的资源，在有些情况下甚至包括其他地方出版但是其主题内容与本国相关的资源，并建立选取用来检索书目记录的个人、团体和/或作品的首选名称的结构和形式。于是，这些数据产品就可以很容易被全世界的其他机构和图书馆共享和复用。

乔瓦尼·索利米奈（Giovanni Solimine）在其 1995 年的著作《世界书 **20**目控制》（*Universal Bibliographic Control*）中指出：

> 书目控制项目意在当今并按现代图书馆事业的标准来恢复并实现古代学者、图书馆员和书目学家要主宰记录于图书中的知识世界的抱负，而这一抱负在不同的历史阶段就产生了编纂通用总书目的各种尝试。
>
> （Solimine，1995，5）

上述这些尝试从康拉德·格斯纳（Conrad Gesner）的《世界书目》（*Bibliotheca Universalis*）开始①。

戈登·敦塞尔（Gordon Dunsire）接受了《世界书目》的概念，定义

---

① 见：Anderson（1974）；Davinson（1975）。书目控制的话题不断反复出现在国际图联的各种倡议中，特别见 2014 年里昂国际图联大会期间的会议"数字时代的世界书目控制：黄金机遇还是失乐园？"（Universal Bibliographic Control in the Digital Age：Golden Opportunity or Paradise Lost?）。该会议由编目组、书目组、分类和标引组及 UNIMARC 战略项目联合主办于 2014 年 8 月 18 日。https://www.ifla.org/past-wlic/2014/ifla80/node/303.html.

了书目世界。所有人类语言产品的集合（即所有书目资源的集合）构成了智人的集体记忆。反过来，书目控制又被定义为针对资源检索和使用的书目世界的编目管理。敦塞尔认为，书目世界需要受到控制，因为记录记忆的传统对文化个性至关重要，而书目世界构成了记录记忆的遗产。书目控制的未来不可预测，因为书写、印刷、通信或因特网的历史创新的未来也不可预测。敦塞尔认为，这四个创新对记录记忆有很大影响，使其划分成不同的信息时代。

根据敦塞尔的观点，第一个信息时代是书写发明之前的文字前时期。第二个信息时代从书写这个重大发明开始。第三个信息时代从印刷的机械化开始。第四个信息时代从远程通信的发明开始。目前，我们所处的是第五个信息时代，它从因特网的发明开始。

书目控制的元数据之发展开始于敦塞尔所定义的第三个信息时代，印刷机械化使现代图书馆得到了发展。我们可以把元数据印刷看作图书印刷的结果。敦塞尔继续他的观点，认为目前的元数据方法与第三个和第四个信息时代的范式关联，而第四个信息时代则与数字通信的发明关联。在目前的第五个信息时代，记录的话语是文化记忆，而元数据创建则是文化自身的组织。

书目控制的目标和功能是在全球框架下管理文化个性。数据和元数据之间的区别不再适用，书目控制越来越无法与文化本身区分开来（Dunsire，2021）。

2.6 目录的重要性

目录一直是而且仍然是图书馆服务的心脏。在 19 世纪下半叶，德国图书馆员、文献学家和图书馆学教授卡尔·齐亚茨科（Karl Dziatzko）断言，目录是图书馆的灵魂（Dziatzko，1886）。如果没有目录，图书馆就只是一个不清晰和不可恢复的资源集合。图书馆的所有服务（参考、包括馆内和馆际的流通/外借、采访）都依赖于目录，只有目录才能使人们可以核对图书馆所拥有的、被认为需要淘汰的，或者不再属于馆藏的一部分。

阮冈纳赞（Shiyali Ramamrita Ranganathan）用如下措辞介绍目录：

> 图书馆目录显示出一系列约定。它甚至是不可信的。因为，它以一种熟悉的自然语言出现。但是事实上，目录的语言是一种人工的语言。其不可信是因为它使用了普通的单词，其单词不是形态上或者完全人工的，但是其句法是人工的，其语义更是人工的。标识符的使用也不完全是普遍接受的。人名中也存在单词颠倒的现象。这些东西都让新手望而生畏。

（Ranganathan，1961，89）

和过去一样，今天的目录依然是任何图书馆的馆藏和使用者之间的主要中介工具。然而，图书馆的政策决定目录实际上包括了图书馆的哪些馆藏。一些目录包括所有可获得的资源，包括可以通过便携文件格式（PDF）或其他格式直接访问的数字资源，也包括通过链接联机访问的资源。也有一些目录不揭示数字方式拥有的杂志、照片或视频；还有一些目录不编目图书或数据库，而把这些任务交给其他发现工具。

资源的馆藏，即使用特定的标准选择，如果没有一种语言和工具将其与读者连接起来，那也不能构成一个图书馆。语言和工具就是目录。目录的目的就是传递标识图书馆（或图书馆系统）所拥有资源的元数据，并使得使用者可以获取资源。语言是体系结构：目录反映了为图书馆和其使用者所作的目的和目标定义的深度。

目录的词源来自晚期拉丁语单词 catalogus，其词根为希腊语 καταλογος（katalogos，清单）。从历史角度来看，目录一直是受到控制的手段，不过有不同的复杂性，根据持续的、一致的和透明的标准，保证其在 **22** 特定语境下适当使用。为了有效性，目录以每个图书馆的实际需要为模型。它对其公众发挥作用，并且避免任何抽象性或模糊性。

目录基于技术语言，而且和其他语言一样，要考虑引用资源的本地实践、目标使用者的社会习惯、其国家所用的文化和编辑惯例，以及技术发展情况。目录还可能会考虑其他传播工具（名录、出版社网站、规范文档数据库等），甚至与它们互动。目录可以从这些工具中提取数据，并同时输入数据。

目录中所包含数据的质量反映了编目员对图书馆馆藏的了解程度（分析和著录的级别、与其他信息源的联系等），也反映了编目员对图书馆所参与的网络和合作项目之标准的了解程度，还有对图书馆使用者需求的了解程度。目录假设与其读者有共同的语言。这种语言的一些特定方面，如稳定性和一致性，还有可扩展性和适当性，使得读者在使用目录的时候能够提升他自己的满意度。

> 未来的编目工作人员，应该要能超越日常活动和职业细节，对世界充满好奇心，因为编目员不是……脱离环境的，他们应该投身社会文化和交流的洪流，这样才能作为并继续作为知识交流、获取和创建的有效工具。

（Sardo，2017，229）

在不久的未来，这必然会成为目录的显著特征。确实，目录将继续反映并传播知识生产过程，并作为读者的权威信息源。就是这种权威，有图书馆员的职业工作，才使得目录和图书馆的基本价值得以持久。正如蒂齐亚娜·波塞马托（Tiziana Possemato）所说的那样：

> 在创建并共享结构化元数据的历史中，文化遗产的世界有很悠久的传统。对于图书馆而言，目录一直表现为元数据的集合，从图书目录开始，然后是印刷卡片、本地终端，一直到网络发布和最近通过关联数据的重组形式，即理论家和编目员都一直关注日益结构化和可共享的元数据形式。所以说，编目意味着创

23

建元数据，也就是说，它意味着对关于数据（题名、著者等）的数据（属性）的标识、选择和结构化，以通过表达其物理、概念和关系特征的方式表现资源，使其可以被寻找者识别并使用。

(Possemato，2022，121)

2.7 编目和目录的两个误区

近几十年来，编目有两种现象，堪称误区，即外包和自动化。

2004 年，卡尔罗·雷维利（Carlo Revelli）在其文章《编目员的杀戮》"La Mattanza dei Catalogatori"（Revelli，2004）中回顾了麦克尔·戈尔曼（Michael Gorman）和帕特·奥迪（Pat Oddy）1993 年的观点（Gorman and Oddy，1993）：今天的编目和分类要求比以往更高的职业素养。其原因是，媒介和格式的增加，还有更重要的是要求对理解数据的更多关注、制作合适记录的更大精细度和创建检索书目信息方法的更多功能性。

编目和目录管理曾经是图书馆员培训的最基本部分，现在已经成为更为复杂的过程。然而，雷维利认为，这完全不能说明图书馆内部编目服务可以外包，而外包的后果是"编目员的杀戮"和目录质量的下降。这不是因为外包本身，而是因为这种需要职业化和长期连贯操作的工作资金不足。我们所要考虑的问题是劳动力市场所出现的变化：高度职业化的公司保证了无瑕疵的工作，但是图书馆需要维持其部分业务，这就要求有一批技术熟练的核心图书馆员来统管总体的设计和架构。

路易吉·克罗切蒂（Luigi Crocetti）在《英美编目条例第二版意大利语版》（*AACR2 Italian Edition*）提到一个不祥的预兆，并予以驳斥：

因为机器的出现，有一些预言家就认为编目即使不死，其重要性也会大幅度降低。现在，他们的声音越来越微弱，而且编目这种活动，不仅在图书馆内，而且在整个信息世界中，已经被证明为根本的基础活动，没有编目任何事情都无法完成。此外，这预言也是正确的，就好比农业，雇员确实是在逐渐减少。

(Crocetti，2014，352)

24　　目前，技术是编目（有文化方面和技能方面）必不可少的部分。它使得图书馆可以向读者提供越来越与网络世界一体化的功能性的和有效的服务。在北欧各国以及美国、加拿大、澳大利亚和其他图书馆的背景下，元数据早就成为现实，至少已经有 15 年时间了。

2.8　目录如何从"在网络上"变为"属于网络"

正如阮冈纳赞的图书馆学五定律所说的那样，"图书馆是一个生长着的有机体"。在过去的 20 年间，随着图书馆有机体的激增，图书情报学（LIS）经历了戏剧性的变化。图书馆事业向很多新的领域扩展，而编目则无疑是在实践和理论上都发生根本性变化的领域。书目世界的扩张以及大多数书目研究和编辑生产活动从模拟到数字环境的迁移可以解释这个趋势。

有若干文章论及关于我们时代重塑编目之转变的理论基础（Dunsire and Willer，2013；Dunsire，2020）。芭芭拉·B. 蒂利特（Barbara B. Tillett）的博士论文《书目关系：通向编目中所用之书目信息的概念结构》（Bibliographic Relationships：toward a Conceptual Structure of Bibliographic Information Used in Cataloging）（Tillett，1987；Ghiringhelli and Guerrini，2020）也是其中之一，该文章全面地、根本性地分析了侧重于书目关系的书目世界（Morse，2012）。蒂利特于 1981 年至 1987 年间的开拓性工作有两个部分：分析研究和实证研究。在分析研究中，蒂利特考察了《英美编目条例》，创建了书目关系的分类系统，并识别了其中的七种类别。对于每一个被识别的类别，蒂利特概述了在目录中的主要连接手段的历史。蒂利特所做的实证研究是评估书目关系的出现情况，体现在 1968 年至 1986 年 7 月之间美国国会图书馆机读数据库（MARC）出现的频率所表现的情况。书目关系在《书目记录的功能需求》（FRBR）概念模型的发展中发挥了中心作用，而它反过来又是 2009 年《国际编目原则》（ICP）和《资源描述与检索》（RDA）的基础，这些原则和规则中很大一部分文字都是讨论实体、属性和（特别是）书目关系的。芭芭拉·B. 蒂利特的博士论文的理论结果为任何关于书目资源的实体、属性和关系的科学研究奠定了坚实的基础。

1998 年，国际图联发布《书目记录的功能需求》，至此理论反思达到高潮。编目的新理念源于想要为资源的研究设计用户友好工具的意愿，在结构、语言和使用方面都符合数字时代的要求。它想要把传统目录中典型的数据集成到万维网中，并完全可以被搜索引擎编入索引。目录、数据库、机构库、主题库、参考工具书和百科全书的集成，是当代图书馆文献中反复出现的主导动机。

《记录在案》（*On the Record*）是美国国会图书馆书目控制未来工作组（Library of Congress Working Group on the Future of Bibliographic Control）的一份重要报告，出版于 2008 年[1]。它提到了将文字描述转换成机器可用

---

[1]　Library of Congress Working Group on the Future of Bibliographic Control（2008），该文件的出版激起了一场涉及很多图书馆员的讨论；托马斯·曼（Thomas Mann）的意见很重要，他的发言"'记录在案'但脱离轨道：美国国会图书馆书目控制的未来工作组报告的评论，并进一步考察美国国会图书馆编目工作的趋势"（"*On the Record*" *but off the track*：*a review of the Report of The Library of Congress Working Group on The Future of Bibliographic Control*，*with a further examination of Library of Congress cataloging tendencies*），prepared for AFSCME 2910，the Library of Congress Professional Guild representing over 1,500 professional employees，https：//tinyurl.com/bdhkvbe2，14 March 2008，https：//tinyurl.com/2udt8yyn。在他的发言后有不少人介入讨论，褒贬不一。见：Kiczek S. A.（2010），尽管本书并不讨论编目的历史，但一些重要的里程碑值得一提，它们始于上面提到的两次会议，亦即"英美编目条例的原则和未来"（The Principles and Future of AACR）和"新千年书目控制 200 周年研讨会"（Bicentennial Conference on Bibliographic Control for the New Millennium）。其中最重要的发言是所谓的卡尔霍恩报告（Calhoun Report）（Calhoun，2006），有不少专家对此提出异议；特别见美国国会图书馆的不同的、个人的和非官方的观点（Mann，2006）。

数据集的需要。其目标是用一种横跨网络并可互操作的语言，使数据元素在数字信息背景下唯一可识别，并保证数据与网络技术和标准兼容。报告的顾问之一卡伦·科伊勒（Karen Coyle）指出，数据必须属于网络，而不仅仅在网络上。作者在很多文章中提出这段话，这差不多成了她名字的标签①。这句话的关键点是：图书馆生产的数据，也就是目录，是在网络上的，但却与网络分离。它们是深层的、封闭的网，与表面的、开放的网分离。

许多书目数据不能被搜索引擎触及，从而在网上搜索信息的使用者仍然看不到图书馆数据。这种情况影响了所有用特定格式开发数据库（如处方、地理、统计和科学档案）的机构。所以有必要使用与万维网或其他不同领域（公共或私有）数据生产者可互操作的标准。

于是，我们有一个表现在工作方面的问题：如何才能改造目录使得它们属于网络而不只在网络上呢？

根据《记录在案》的报告，这个目标可以通过如下方式达到：

- 将文字描述转换成以结构化形式呈现、可用于机器自动处理的数据的集合（数据集）。

- 通过唯一的和持久的标识符使数据在万维网的背景下唯一可识别，并能被机器可读、可解释、可复用。统一资源标识符（URI）至关重要，因为它们给予万维网上呈现的实体以唯一和可靠的名称。

- 用适用于万维网的横跨网络并可互操作的语言来保证数据与网络技术和标准兼容。

当代元数据创建活动确认了图书馆员需要拥有广阔的文化背景，需要拓展与计算机科学相关和使用万维网语言的多种技能（Malmstem, 2012）。事实上，信息技术是图书馆管理的基本学科。今天的图书馆集成

---

① 见：https://kcoyle.net/presentations/lita2011.html.

系统（ILS）支持所有的图书馆工作流程。

技术这个术语，最初是来自希腊语的 *tekne-logia*（艺论），它一直对打开崭新的、之前无法想象的图书馆事业之路产生深远的影响，甚至创造条件。在数字时代，信息技术框架影响了书目模型、标准和目录结构的发展和定义，而如今的目录则被称为是资源发现工具。

2.9 新的发现工具：data. bnf. fr

在几年的空间内，书目信息和资源的发现工具已经变化。例如 data. bnf. fr①，这是法国国家图书馆实施的一个项目。使用者通过一个检索点，就可以在不同目录和数据库中搜索，也可以查询高卢（Gallica）数字图书馆。只要登录进去，使用者就可以直接访问免费和开放获取的数字资源。这个项目被欧洲其他国家图书馆模仿，把目录（这个术语已经不在法国项目的名称上出现了）变成了不同的东西，（自 2012 年后）暂时命名为关于著者、作品和主题的参照卡片（Des fiches de référence sur les auteurs, les œuvres et les thèmes）。这个产品设定为可导航的多媒体百科全书。

参照卡片采纳了语义网的工具，作为关联开放数据项目的一部分。在 data. bnf. fr 内通过著者、作品和主题浏览的功能，使你感受到未来的目录会是什么样子的。例如，专用于一个著者的网页，会呈现其传记数据，包括其图像（素描或照片等）或重要作品的封面图，你还可以通过链接获得其最多被人研究的作品（链接到数字文本或数字化文本的数据库）。它还包括该个人所扮演的角色（音乐作品的著者、文字的编者等）、关于该人的资源（亦即以该人为主题的资源）以及提及该个人的其他万维网资源，还有提供其作品评论分析的资源。简而言之，该工具提供了该个人及

---

① 见：https：//data. bnf. fr.

其作品的百科全书式的概览。在这个项目中，我们看到了划时代的革命，而且还在进行之中。它从一个资源的以记录为形式的特定描述，转变为一个实体（个人）以及与其作品和与其他著者作品之间的关系的标识。

27　　从构想为著录（描述）集合的目录，我们走向了旨在作为结构化信息网络的数据的集合（数据集），将实体及其关系置于中心地位。

联机公共检索目录（OPAC）一直在发展，并设定为日益友好和强大的工具。两种新的查找工具出现了，即下一代目录和发现工具。这是如下的结果：

> 从20世纪80年代开始的长期数字革命，从其被人所知一直到那个时候一直困扰着图书馆员的世界。……在两种情况中，我们都想点出与传统决裂的时刻。谈到下一代目录，就会引入一个与旧工具相对的术语，正如谈到发现工具，就会提到具有完全创新特征的现代研究平台的发展。
>
> （Machetti，2016，394）

发现工具构成了创新技术解决方案：对于每一个查询，发现工具都提供统一的响应结果，它推导自目录以及（首先是）周围的书目世界的探索，而这个书目世界就是图书馆已经获得的或可提供访问的资源。"事实上，起初是因为数字出版的增加和随之而来对日益增加的电子资源的管理需求，导致图书馆想要一个提供同步检索的工具"，这对于所有资源来说都是理想的。发现工具是"一种界面，与之前的工具所基于的简单检索相比，发工具更重视发现"（Machetti，2016，394－5）。发现工具模拟搜索引擎典型的查询，允许储存在多个筒仓（*silos*）（容器）中、在无关的数据库（联机公共检索目录、数据库、机构库）中的一体化搜索。典型情况下，筒仓用网域技术索引，但是不上传至万维网。发现工具采用类似谷歌（Google）的界面，在后续的实现方案中，可以"解释"使用者的打字错误，如提示非常用名称、正确的拼写方式等。

　　发现工具允许对图书馆所拥有的资源和图书馆许可访问的资源的包罗万象的检索。检索结果都被集中显示在一个屏幕中，以便使用者在结果中选择感兴趣的内容，而在之前则需要分别在不同的数据库里进行不同的查询。最新一代的发现工具包括一个软件模块，可以将不同筒仓中出现的数据系统性收集并索引，从而创建一个单一的资源索引，允许使用者直接查询。对于从事研究的人们而言，最终感兴趣的是寻找并发现传递知识和艺术内容的任何资源，不管储存在什么媒介上，不管以什么形式，不管是模拟的还是数字的，也不管储存在什么地方。目前，越来越多的人讨论网域 **28**发现服务，其目的是使多种信息源可以同时被图书馆和记录记忆机构获取：通过唯一的检索点可以对目录、数据、机构库（特别对于开放获取的机构库）和其他数据库进行访问。数据从书目筒仓到万维网的传输使全网络能进行查询，或者需要时也包括联机公共检索目录。使用者既可以进行探索性的搜索，也可以针对一个"已知单件"进行查询。发现工具的界面越来越多地直接与图书馆服务平台链接，日益渗透进图书馆。

3 原则和书目模型

3.1 书目模型

麦克尔·戈尔曼（Michael Gorman）在 1980 年出版的《〈英美编目条例第二版〉研讨会论文集》（*AACR2 Seminar Papers*）中的报告《原则、规则、标准和应用》（Principles，Rules，Standards and Applications）（Gorman，1980）中，区分了这些术语：原则的范围比较宽广（如《巴黎原则》），标准定义了约束性的框架（如《国际标准书目著录》），规则提供精确的操作说明（如《英美编目条例》），而应用则提出本地解决方案和变体。这里所说的规则，我们指的就是编目规范，主要是国际性的，但有时候需要符合国家价值观和语言群体的需要。

自从 1998 年以后，以上这些术语中又增加了书目模型。书目模型在计算机环境下发展，在图书馆界使用，其创建的目的是便于书目世界的理解、描述并提供存取。书目模型为创建馆藏、精心完善描述（著录）和制作工具的人们提供参考，以帮助读者发现组成馆藏的资源。

概念模型是书目模型的一种类型。概念模型从定义来说是抽象的，需要各种解释才能实施。概念模型表达了一个领域（亦即一个语境、一个相关的行业）的专家所用的概念和术语的意义。

图书馆领域的模型是编目规则和元数据标准的规范编制的基础。由于不断出现的新采访藏品和创新举措，模型创建工作受到了变革的影响。如果我们比较一下"功能需求"家族的模型和《国际图联图书馆参考模型》，就会更清楚看到技术发展带来的冲击，而《国际图联图书馆参考模型》则是为语义网的语境特别构想出来的（Pisanski and Žumer，2010）。

概念模型的历史可以追溯到卡内基梅隆大学（Carnegie Mellon University）教授陈品山（Peter Chen）这位计算机科学家的文章《实体—关系模型：通向数据的统一观点》（The Entity-Relationship Model. Toward a unified view of data）（Chen，1976），他在其中提出了实体—关系数据模型。任何人要描述一个知识领域的实体—关系模型，都要将实体、属性和关系作为其设计的主要方面。 **30**

书目模型、标准和规范都在不同的层面上。书目模型定义了一种解释书目世界的方式，它提供了一个抽象的框架，以理解给定环境下的实体之间的重要关系。标准和规范提供了一系列准则，用柳别斯基的话说，就是认识（并最终处理）在特定的书目情况中产生的冲突，围绕原则重新达到统一。今天，这些情况增加，因为万维网上数据日益增长的多样性和海量特点，书目世界呈现出比以往更大的复杂性（Delsey，1982）。

3.2 《巴黎原则》

20 世纪中期，出于国际对编目规范和各国相应传统比较的需要，组织国际编目原则大会（ICCP）的想法诞生，该大会最后于 1961 年在巴黎联合国教科文组织（UNESCO）总部召开。在这个大会之前，先后在巴黎、伦敦、莫斯科和蒙特利尔召开了四次国际性会议。大会的意图是要创建一个共同的会议基础，将议题限于著者目录标目的选择和形式。当时的主要编目专家都参加了这次大会，柳别斯基是学术领头人。此项工作的结果，就是《原则声明》（*Statement of Principles*），主要由柳别斯基、埃娃·维罗娜（Eva Verona）、亚瑟·H. 查普林（Arthur H. Chaplin）和莱昂纳德·J. 乔莱（Leonard J. Jolley）等起草。

诸如阮冈纳赞和阿科斯·多曼诺夫斯基（Ákos Domanovsky）等其他权威人士依然如故，因为在国际层面上保证编目实践和理论一致性的目标基本上偏向西方的编目传统，更确切说是欧洲的一些部分、美国和加拿大。

众所周知，《巴黎原则》并不涉及整个编目过程，而只是款目的选取和形式，这在当时被认为是目录卡片最重要的部分。后来，1969 年在哥本哈根召开的国际编目专家会议（IMCE）讨论了"著录"（Bourne，1992），这是国际编目原则大会的延伸。那时候，罗塞拉·蒂尼（Rossella Dini）（1985）在其书名里提到的"编目的穷亲戚"（著录）才有一席之地。

《巴黎原则》决定一直并严格使用著者的名称，排除了使用题名的做法，不管题名是否更为知名。这样，就显得：

31

- 保证了目录结构的高度同质性和一致性；
- 使得编目员不用为了选取著者还是题名作为款目而做艰难的决定。

与此同时，这却使得目录和编目员都失去了必要的灵活性。谁会通过著者的名字去找《灰姑娘》（Cinderella）？虽然著者也很出名，但是大多数人不知道。在这个情况下，题名无疑是找到作品的最可靠的元素。

在巴黎①，形式检索点（会议等）被让位于主要标目，即著者或题名，因为其合法性得到认可。然而，考虑到书目世界的特点就是冲突，有时候发现冲突，就有必要使用题名。《原则声明》被分为 12 点。目录的两个目的在文本的开始被表述了出来：

- 目录应该是通过题名和著者或者只通过题名而确认图书馆是否包含一本特定图书的有效手段；

———

① ［译者注］原文如此（In Paris），其意大利原版也如此（A Parigi），这里应该指《巴黎原则》。

- 目录告知图书馆中有特定著者的哪种作品以及特定作品的哪个版本。

这些明确的定义是《原则声明》的核心：它们可以追溯到查尔斯·A. 卡特（Charles A. Cutter）的《字典目录规则》（*Rules for a Dictionary Catalogue*）（Cutter，1876）。用当代的语言来说，我们可以断言，它代表了本体的隐含定义：作品、版本和著者。

《巴黎原则》是编目历史上的里程碑，是通向世界范围内编目实践协调的关键一步；它是从1941年安德鲁·D. 奥斯本（Andrew D. Osborn）《编目的危机》（*The Crisis in Cataloging*）开始的反思所达到的高潮。《巴黎原则》一直被认为是从1967年开始《英美编目条例》（AACR）到1979年《意大利著者编目规则》（RICA）起草编目规范的参考。

3.3 《国际编目原则声明》

21世纪初，国际图联推出新的《国际编目原则声明》（2009年出版），适用于联机图书馆目录以及更广泛的范围。……2009年的《原则声明》替代了《巴黎原则》并明确拓展了其范围，也就是说，从文字资源拓展到所有类型的资源，从仅仅是款目的选取和形式拓展到图书馆目录中所用的书目数据和规范数据的所有方面。

《国际编目原则声明》（*Statement of International Cataloguing Principles*）**32**（ICP 2016；Creider，2009，583–9）开篇就作了上述说明。《国际编目原则声明》是从2003年于法兰克福开始的国际图联国际编目规则专家会议（IFLA Meetings of Experts on an International Cataloguing Code，IME ICC）系列的产物，其目的是：

- 起草国际编目原则，适用于当代编目环境，能整合或取代《巴黎原则》；

- 结合并协调不同的国际编目规范；

- 形成建议，供未来国际编目规范参考，或者针对不同国家编目规范起草者需要考虑的一组共同规则。

也是在 2003 年，《国际编目原则声明》的第一稿出版，它也被称为 ICP 或"法兰克福原则"。它奠定了一系列编目原则的基础，旨在将内容拓展到图书馆目录之外，涉及档案馆和博物馆。文字修订建议多次被提交至国际图联国际编目规则专家会议：2004 年于阿根廷布宜诺斯艾利斯（拉丁美洲和加勒比地区）、2005 年于埃及开罗（北非和中东地区）、2006 年于韩国首尔①（亚洲地区）、2007 年于南非比勒陀利亚（撒哈拉以南的非洲地区）。2008 年在加拿大魁北克召开的国际图联大会上，委员会开会再次讨论了国际编目原则全球修订所收到的反馈意见。2008 年 9 月中旬，原则的一个新稿被发给国际编目规则专家会议的与会专家们征求意见，2008 年 12 月 18 日最终稿发出。国际编目原则于 2009 年 2 月在网络上出版，2009 年 8 月印刷版出版并在意大利米兰的国际图联大会上亮相，最终题名为《国际编目原则声明》（*Statement of International Cataloguing Principles*）。

---

① ［译者注］第四届国际编目规则专家会议（IME ICC4）于 2006 年 8 月 16—18 日在韩国首尔的韩国国家图书馆召开。参加会议的中国代表有（按姓氏笔画顺序）：王松林（南京政治学院）、刘丽芝（香港中文大学图书馆）、纪陆恩（上海图书馆）、顾犇（国家图书馆）、黄丽婷（中国社会科学院文献信息中心）、谢琴芳（中国高等教育文献保障系统）。顾犇代表中国参会代表（顾犇、谢琴芳、王绍平、王松林）作了大会发言 "Chinese Cataloging Rules and International Cataloguing Principles：A Report of Similarities and Differences"（《〈中国文献编目规则〉和〈国际编目原则〉之间的异同》），见：TILLETT B B. IFLA cataloguing principles：steps towards an international cataloguing code，4：report from the 4th IFLA Meeting of experts on an international cataloguing code，Seoul，Korea，2006［M］. München：K. G. Saur，2007：415 - 424. 该发言修改后的中文版发表于《中国图书馆学报》，2007 年第 1 期。发表时名称为《〈中国文献编目规则〉与"原则声明"之比较》，作者为王松林、谢琴芳、王绍平、顾犇。顾犇主持了第一组（个人名称组）的分会场讨论，刘丽芝主持了第二组（机构团体组）的分会场讨论；见前面所引文献的 620—621 页（DOI：10. 1515/9783598440366. 3. 620）和 628—629 页（DOI：10. 1515/9783598440366. 3. 628）。

《国际编目原则声明》旨在满足每一个国家（不仅是西方文化的国家）的使用者的需求，并扩展编目的边界，以包括档案馆、图书馆、博物馆和其他记录记忆的文化机构可能收藏的所有资源。

《国际编目原则声明》与《书目记录的功能需求》一致，阐明目录是有效且高效的手段，可以帮助使用者：

- 根据检索条件查找相应的实体；
- 识别实体；
- 选择对所描述实体的存取；
- 获取单件；
- 在书目信息之间导航。

该声明涵盖：

（1）范围；

（2）总原则；

（3）实体、属性和关系；

（4）目录的目标和功能；

（5）书目著录；

（6）检索点；

（7）查找（IFLA，2009a）①。

2009 版之后，又有一个《国际编目原则声明：2016 年版》（*Statement of International Cataloguing Principles：2016 edition*，以下简称 2016 年版）。2017 年虽有少量修订，但仍以 2016 年版为主。2016 年版"总体上考虑了新的用户类别、开放获取环境、数据的互操作性和可存取性、发现工具的

---

①　[译者注]《国际编目原则声明》的中文版可以在国际图联机构库（IFLA Repository，https：//repository. ifla. org/）中查到。从 2003 年的草案，一直到 2008 年和 2009 年的版本，译者都是王绍平（上海交通大学图书馆）、林明（北京大学图书馆）、刘素清（北京大学图书馆）。2009 年版的末尾有顾犇翻译的《国际图联国际编目规则专家会议决议》。2016 年版的中文版译者是陈琦（杭州图书馆）。

特点和用户行为的重要变化"①。2016 年版遵循了 2009 年版同样的要点，如"基于全世界的伟大编目传统以及国际图联功能需求家族的概念模型"。2016 年版的脚注 3 特别罗列了代表世界伟大编目传统的著者：

Cutter, Charles A. , *Rules for a dictionary catalog*, 4th ed. , rewritten. Washington, D. C. , US Government Printing Office, 1904（卡特《字典目录规则》）；Ranganathan, S. R. , *Heading and canons*, Madras［India］, S. Viswanathan, 1955（阮冈纳赞《标目和标准》）；Lubetzky, Seymour, *Principles of Cataloging. Final Report.* Phase I：*Descriptive Cataloging*, Los Angeles, Calif. ：University of California, Institute of Library Research, 1969（柳别斯基《编目原则》）。

然而，该脚注也有大量疏漏，令人吃惊。例如，从潘尼兹开始，还有普鲁士传统和世界上其他若干重要的编目传统，包括阿科斯·多曼诺夫斯基和埃娃·维罗娜。希望这些疏漏会在今后版本中得到纠正，因为他们确实在 2003—2007 年间的世界性系列会议上被代表们提及。

2016 年版的范围部分：与尝试将 ICP 应用于档案馆和博物馆的 2009 年版相比较，2016 年版则更多地面向图书馆，正如我们从第一部分所看到的那样，"它们适用于书目和规范数据，并因此适用于现今的图书馆目录、书目和其他图书馆创建的数据集。它们的目的是提供所有类型书目资源的描述性编目和主题编目的一致方法"。第 2.1 部分把用户（使用者）定义为包括检索目录和使用书目数据和/或规范数据的任何人。随后，2009 年版列举的原则，在斯威诺纽斯的著作《信息组织的知识基础》（*The Intellectual Foundation of Information Organization*）（Svenonius, 2000, as commented on by Guerrini and Genetasio, 2012）中被讨论，并以如下方

---

① 见：https：//www. ifla. org/files/assets/cataloguing/icp/icp_2016 – it. pdf.

式被提出：

通用性：用于著录和检索点的词表应该符合大多数使用者的词表。

表现：描述应该按资源出现的形式表现。个人、团体和家族的名称的受控形式应该基于实体自己描述的方式。作品题名的受控形式应该基于原内容表达的第一种载体表现上所出现的形式。如果这点不可行，应使用通常在参考信息源里所用的形式。

准确性：书目数据和规范数据应该是所描述实体的准确描绘。

充分性和必要性：应包括满足以下要求的数据元素，即便于所有类型的使用者检索，包括那些有特别需求的使用者；实现目录的目标和功能；描述和识别实体。

有意义：数据元素应该与描述相关，应该被重视，允许实体之间的区别。

经济性：如果有其他途径可以达到目的，应首选最便利和实用的途径（如最低成本或最简单的方法）。如今，描述（著录）不再因为图书或卡片目录（最初的电子目录中书目记录的编辑和显示的基础）使用印刷记录受空间限制而必须受成本效益标准的约束，而是没有所用最大数据数量限制，每一个所分析和所描述资源的属性数量的选择取决于不同图书馆、图书馆系统和书目机构的编目政策。

一致性和标准化：描述和检索点的构建应该尽量标准化以满足一致性。

一体化：所有类型资源的描述和所有类型实体的名称的受控形式应该尽可能基于共同的规则。

此外还有：

互操作性：应尽所有努力保证书目数据和规范数据在图书馆界内外的 **35** 共享和复用。对于数据的交换和发现工具，高度推荐使用便于自动翻译和消除歧义的词表。

开放性：数据的限制应该最小，以促进透明化，并符合《国际图联开放获取声明》（*IFLA Statement on Open Access*）所述之开放获取原则。任何关于数据获取的限制都应被完全表述出来。

可获取性：书目数据和规范数据的获取以及检索工具的功能都应该符合《国际图联图书馆员和其他信息工作者道德准则》（*IFLA Code of Ethics for Librarians and other Information Workers*）所推荐之可获取性的国际标准。

合理性：编目规范中的规则应该是合乎情理的而不是随意的（ICP，2016，5-6）。

关于书目著录，2016年版表明，每一种载体表现应该创建一条不同的书目著录，并应基于作为载体表现代表的单件。著录数据应该基于国际认可的标准，这对于图书馆界来说就是《国际标准书目著录》。著录可以有若干完整级别，这取决于目录的目的。

2016年版区分了受控检索点（受规范控制）和非受控检索点（不受规范控制）。2016年版表明，只有受控检索点才可以被提供为规范名称形式和变异名称形式，涉及个人、家族、团体、作品、内容表达、载体表现、单件和希玛（thema）①（亦即任何用作一种作品之主题的实体）。受控检索点提供了资源集合的书目数据之间搭配所需要的一致性。一个实体名称的规范检索点应该和实体的标识符、名称的变异形式一起注册为规范

---

① ［译者注］"希玛"（thema）来源于拉丁语，是"主题"或"论题"的意思，在这里表示"被用作作品主题的一个实体"，曾经出现于2010年发布的《主题规范数据的功能需求（FRSAD）：概念模型》［*Functional Requirements for Subject Authority Data（FRSAD）：A Conceptual Model*］中，所以这个概念也被收入《国际编目原则声明：2016年版》。可是，2017年出版的《国际图联图书馆参考模型：书目信息的概念模型》（*IFLA Library Reference Model：a Conceptual Model for Bibliographic Information*），作为"功能需求"家族的统一版，已经不再包括这个概念。

数据。规范检索点可以被用于目录中显示的默认形式。如果原语言和文字不在目录中使用，则规范检索点可以基于载体表现上所发现的形式或者参考信息源中的形式，采用最适合目录使用者的一种语言或文字。

2016 年版随后定义了目录的目标和功能，即它应该是有效且高效的工具，便于使用者利用。

　　—使用实体的属性或关系搜索，**查找**馆藏中的书目资源，亦即发现代表如下的单一资源或资源的集合：

　　　　—实现同一种作品的所有资源；

36

　　　　—具体表现同一种内容表达的所有资源；

　　　　—例证同一种载体表现的所有资源；

　　　　—与一个指定个人、家族或团体有关的所有资源；

　　　　—关于一个指定希玛的所有资源；

　　　　—通过其他查询条件（语言、出版地、出版日期、内容形式、媒介类型、载体类型等）限定，通常是检索结果的再次细化后的所有资源。

　　—**识别**书目资源或行为者［亦即，要确认所著录（描述）的实体对应于所检索的实体，或者区分具有类似特征的两个或多个实体］。

　　—**选择**适合于使用者需求的书目资源（亦即，选择满足使用者关于媒介、内容、载体等要求的资源，或者拒绝不适合使用者需求的资源）。

　　—**获取**或获得对所著录（描述）的单件的存取（亦即，提供信息，便于使用者能通过购买、租借等获取一个单件，或者通过联机以电子方式存取、访问远程信息源）；或者，访问、获取或获得规范数据或书目数据。

——在一个目录内**导航**和探索，通过逻辑编排的书目数据和规范数据以及目录之外的实体间关系的清晰呈现，通向其他目录和非图书馆语境。

（ICP，2016，10－11）

《国际编目原则》最后宣称：

检索点

——提供书目数据和规范数据以及与它们有关的书目资源的可靠检索；

——搭配并限定检索结果。

（ICP 2016，11）

数据应该开放并可检索，甚至对于非图书馆的手段也应如此，以达到促进互操作性和复用性的目的。基本检索点是那些基于书目著录（描述）中每个实体的主要属性和关系的检索点。书目数据中的基本检索点包括：

- 作品的创作者或者多个命名创作者中第一个命名创作者的名称的规范检索点；
- 作品/内容表达的规范检索点；
- 载体表现的正题名或人为提供的题名；
- 载体表现的出版或颁布日期；
- 作品的主题检索点和/或分类号；
- 所描述实体的标准号、标识符和"识别题名"①。

37

---

① "识别题名由出版物的名称和限定词组成，限定词经常是出版地，在必要的时候用于区分其他同名出版物"（维基百科，Wikipedia）。［译者注］根据《信息与文献 基础和术语》（ISO 5127：2017；中华人民共和国国家标准，GB/T 4894—2024，代替 GB/T 4894—2009），"识别题名是国际标准连续出版物号所给定的连续出版物的唯一题名"。

规范数据的基本检索点包括：

- 实体的规范名称；
- 实体的变异名称和名称的变异形式；
- 实体的标识符；
- 作品的受控名称（如主题检索点和/或分类号）。

(IFLA，2016，11-12)

2016 年版的最后部分是数据检索：

如果用同一个检索点检索出大量书目数据，结果应该用对目录使用者方便的逻辑顺序显示出来，这个逻辑顺序应优先考虑与检索点的语言和文字相关的标准。使用者应该可以在不同条件之间选择，如出版日期、字母顺序、相关度。如果可能，应该首选表明实体和实体之间关系的显示方式。

(ICP 2016，12)

后面有一个很大的词汇表提供了术语的定义，随后的附录提供了不再使用的旧术语，如统一题名和标目（Guerrini，2009）。

在 2019 年雅典的国际图联大会期间，编目组在其 2019 年—2021 年行动计划四个主要任务中纳入了"维护标准的一致性（《国际编目原则声明》的结构修订）"①。其意图是在语义网的语境下重新起草原则的文字②。

3.4 《书目记录的功能需求》

1998 年，国际图联世界书目控制和国际机读目录项目出版了《书目

---

① 尚未实现。

② 见：https：//www. ifla. org/files/assets/cataloguing/plans/action _ plan _ cataloguing _ section 2019_2021. pdf.

记录的功能需求》（FRBR）①。这个倡议开始于国际图联内部，作为 1990
年于斯德哥尔摩召开的书目记录研讨会（Seminar on Bibliographic Records,
1992）的决议的产物。该研究组的工作范围得到 1992 年新德里国际图联
38 大会的批准，确定的工作组指定了咨询顾问起草报告。最初，咨询顾问
有埃莱娜·斯威诺纽斯（Elaine Svenonius）（加州大学洛杉矶分校）、
本·塔克（Ben Tucker）（美国国会图书馆）、芭芭拉·B. 蒂利特（Barbara
B. Tillett）（原加州大学圣地亚哥分校，后美国国会图书馆）和汤姆·德尔
塞（Tom Delsey）（加拿大国家图书馆）。然而，本·塔克不久后退休，离
开了研究组。后来，同样来自美国国会图书馆的贝思·达拉巴恩（Beth
Dulabahn）加入了咨询顾问团队。模型的构想和发展受到美国国会图书馆
和加拿大国家图书馆关于概念模型的研究成果之影响，而这些成果也启发
了前述蒂利特的博士论文《书目关系》，其中分析了国会图书馆目录中机
读目录记录的书目关系。

《书目记录的功能需求》最终报告强调了编目中的深刻危机：

- 规则被证明不适合书目世界中的变化，其特点为我们面对的是从内
  容、载体以及传播和存取的方法都是多样化的资源，特别是新的电
  子资源。

- 目录无法以优化的方式表现书目世界，亦即不能利用计算机和远程
  通信技术的潜力达到有效性和成本节约的目的。

《书目记录的功能需求》模型的目的是将书目记录的性质和要求与不

---

① ［译者注］这个文件出版以后，美国国会图书馆蒂利特博士在孙蓓欣女士的介绍
下到中国国家图书馆访问，介绍了这个文件。译者因为出差，没有见面。但后来也学习
了这个文件。国家图书馆周升恒老师翻译了这个文件，但是一直没有出版。2005 年，译
者开始参加国际图联工作，在国际同行的建议下，组织完成了翻译，并公开发布。参加
翻译的专家包括：王绍平、王静、林明、刘素清、纪陆恩、顾犇。中文稿见：国际图联书
目记录的功能需求研究组. 书目记录的功能需求：最终报告 [EB/OL]. [2024 - 04 - 22].
https: //repository. ifla. org/handle/123456789/829.

同类型的媒介、其若干应用和使用者的多重需求相关呈现出来。它特别定义了：

- 编目的对象，在资源的有形和无形性质之间进行区分①。
- 使用者如何阅读记录；反思著录（描述）和识别资源的基本数据。
- 根据技术的持续进步看记录的目的。

《书目记录的功能需求》作为书目世界表现的概念地图。它利用了实体—关系（E-R）模型，而这个模型已经用于处理关系型数据库系统的建模和设计的所有领域。它定义了与目录、书目和其他发现工具中著录（描述）的资源相关的用户任务。与记录数据的使用相关的有四个任务：

（1）**查找**实体，对应于使用者陈述的检索条件，通过实体 **39** 的属性或关系查找；

（2）**识别**实体，确认其对应于所检索的实体，如果必要还要把该实体与其他类似实体区分开来；

（3）**选择**实体，要适合使用者对内容、载体、格式、使用方法的需求；

（4）**获取**实体，通过外借、购买或者远程阅读，对所描述的实体进行存取。

（FRBR，1998，82）

《书目记录的功能需求》认为，实体是"书目数据使用者所关心的关键对象"（IFLA，1998，12），并侧重于研究和检索的方法论对实体进行定义。模型识别了三组十种实体：

---

① ［译者注］《书目记录的功能需求》原文是"抽象实体"（abstract entity）和"物质对象"（material object），例如"作品"是抽象的，而"载体表现"则是物理体现。见上面提到的《书目记录的功能需求：最终报告》中文版。

第一组，知识和/或艺术劳动的产品：

● 作品；

● 内容表达；

● 载体表现；

● 单件。

第二组，对知识和/或艺术内容、物理制作、传播和保管负责的实体：

● 个人；

● 家族（1998 年版该实体缺失）；

● 团体。

第三组，可以代表艺术和知识劳动之主题的实体：

● 概念；

● 对象；

● 事件；

● 地点。

每个实体都与一组性质或属性相关，使用者以此形成自己的检索，并解释检索响应结果。

关系是《书目记录的功能需求》中最重要的方面。关系被划分为主要关系（在第一组实体之间：作品、内容表达、载体表现、单件）、责任关系（连接第一组实体和第二组实体）和主题关系（"有……作为主题"）。它们允许使用者识别实体之间的连接并通过检索查找如下东西：

● 一个著者的所有作品；

● 一个单次文献丛编（丛书）中的所有图书；

● 一个出版者的所有图书；

● 关于一个指定主题的所有资源（不管其形式）。

《书目记录的功能需求》之成功，主要归因于如下三个方面的创新：

● 用户（使用者）任务的定义；

- 用户（使用者）所关心的实体的识别；

- 按照著录（描述）的特征和标识重新检视书目数据的功能。

《书目记录的功能需求》是起草一些新编目规范的基础，例如《意大利编目规则》（*Regole Italiane di Catalogazione*，REICAT）和《资源描述与检索》（*Resource Description and Access*，RDA）等规则。

3.5　《规范数据的功能需求》

1999 年，国际图联世界书目控制和国际机读目录项目（UBCIM）和书目控制部（Division of Bibliographic Control）一起成立了"国际图联规范记录的功能需求和编号（FRANAR）工作组"，其目标有以下三个：

（1）扩展《书目记录的功能需求》模型，定义规范数据的功能需求；

（2）研究创建唯一标识受控规范数据的国际标准规范数据号（ISAND）的可能性；

（3）代表国际图联参与其他同样目标的工作组的合作。

《规范数据的功能需求》（FRAD）出版于 2009 年①，主要用于规范数据的创建，而规范数据则被理解为名称或作品题名的规范形式，并结合其他元素（单元）来创建对描述（著录）的检索。在书名中，"数据"取代了之前版本②以及《书目记录的功能需求》中的"记录"，作为对 21 世纪初发生的概念变革（从而还有术语变革）的反思，（总体上）概念从"记录"转变到"数据"。

与《书目记录的功能需求》相比，《规范数据的功能需求》增加了两

---

① ［译者注］这个文件的中文版由国家图书馆蔡成普、杨熙、王璐、张蕾累、王彦侨翻译，顾犇校对。见：https://repository.ifla.org/handle/123456789/767.

② 工作组成员格棱·帕顿（Glenn Patton）在 2004 年的布宜诺斯艾利斯国际图联大会上提交了一个初稿。

个用户（使用者）任务：

    （1）情景化（阐明关系），亦即将一个实体置于其原来的情景下；

    （2）提供依据，亦即用文献证明为什么要使用一种形式的受控检索
        点而不是另一种形式。

    该模型修订了《书目记录的功能需求》中用于规范数据的实体，并
创建了家族、名称、标识符、受控检索点、规则和机构。它阐明，关系定
义了可能存在于《书目记录的功能需求》中第一组实体和第二组实体之
间联系的类型。

3.6 《主题规范数据的功能需求》

    《主题规范数据的功能需求》（FRSAD）由国际图联出版于2010
年①；该模型定义了《书目记录的功能需求》的第三组实体：概念、对
象、事件和地点。其目标是：

- 提供一个明确定义的、结构化的参考框架，将记录在主题规范记录
中的数据与数据使用者的需求关联起来；

- 协助评价主题规范数据在图书馆界和其他行业的国际性共享和使
用的潜力。

    模型增加了探索这个用户任务，亦即用数据来理解主题领域及其主
题字符串之间的关系。它还增加了两个实体——希玛（thema，见上文，
指用作一部作品的主题的任何实体）和命名（nomen，希玛的任何一个
为人所知、被提及、被称为的符号或符号序列），并定义了它们的属性。
最后，《主题规范数据的功能需求》建立了不同实体（如作品和希玛、

---

    ① ［译者注］该文件的中文版由武汉大学图书馆刘莎翻译。见：https：//repository.
ifla. org/handle/123456789/839.

希玛和命名等）之间的关系以及同类实体（希玛和希玛、命名和命名）之间的关系。

3.7　《面向对象的书目记录的功能需求》

《书目记录的功能需求》《规范数据的功能需求》《主题规范数据的功能需求》都以书目观点为特征。2000 年，欧洲图书馆自动化小组（ELAG）第 24 次图书馆系统研讨会（24th Library Systems Seminar）在巴黎召开，会议提出协调书目、档案和（特别是）博物馆资源的概念模型的需求。2003 年，国际性的《书目记录的功能需求》和《国际文献工作委员会概念参考模型》（CIDOC CRM）协调工作组成立，其目标是：

- 采用《国际文献工作委员会概念参考模型》的概念和术语改写 **42** 《书目记录的功能需求》；
- 协调两个模型并且尽可能合并两者。

《书目记录的功能需求》之面向对象的 1.0 版本——《面向对象形式体系的书目信息的概念模型》（*A Conceptual Model for Bibliographic Information in Object-oriented Formalism*，FRBRoo）于 2009 年出版①，截止到 2016 年有 2.4 更新版。《书目记录的功能需求》中的实体通过标识子类（subclass）得到扩充，每个实体都有特定的性质（property）。该模型相当复杂，接受程度有限（Le Boeuf，2009）。

3.8　《国际图联图书馆参考模型》

经过五年多的工作，《国际图联图书馆参考模型》（IFLA LRM）于

---

① ［译者注］参见译者的文章：顾犇. FRBR 和 CIDOC CRM 知识本体之间的协调工作［J］. 数字图书馆论坛，2007（2）：39 – 42.

2017 年出版①。这是协调《书目记录的功能需求》《规范数据的功能需求》《主题规范数据的功能需求》后产生的一个高层次的概念参考模型。该模型旨在制定管理书目信息逻辑结构的明确的总原则，而不预先假设数据可能如何储存在特定的系统或应用中。正如促进其产生并被其替代的模型那样，《国际图联图书馆参考模型》提供了实体—关系结构，它呈现了三个基本的模型元素：实体、属性、关系。同样如之前的模型，定义的基础是用户任务，不一定按顺序，也不总是包括在内，它们可能互相纠缠，也可能互相独立。用户任务包括：

（1）查找：将基于任何相关条件检索有兴趣的一个或多个资源的信息聚合起来。

（2）识别：清楚理解所发现资源的性质并区分类似资源。

（3）选择：确定所发现资源的合适性并使用户可以接受或拒绝特定资源。

（4）获取：存取资源的内容。

（5）探索：用资源之间的关系发现资源。

这里请注意：《国际编目原则声明》中的"导航"用户任务已经成为"探索"。

《国际图联图书馆参考模型》采用了《书目记录的功能需求》中第一组实体，并改变定义以使它们互相独立。第二组实体家族和团体不再自主，而被归入一个新的实体集体行为者。第三组实体中的概念、对象、事件被声明弃用，实体地点被重新定义，实体时间段被新加入。使用《国际图联图书馆参考模型》定义的事物（Res）② 是模型的顶层实体，包括

---

① ［译者注］这个文件的中文版由国家图书馆蔡丹、李茵、杨恩毅、袁硕翻译，罗翀、赵丹丹审校。见：https：//repository. ifla. org/handle/123456789/42.

② ［译者注］"事物"（res）源自拉丁语，表示物体、事实或对象。该术语在《国际图联图书馆参考模型》中文版里被翻译为"资源"，不同于通常所指的"资源"（resource），即可以成为图书馆馆藏部分的任何东西（见本书正文第 1 页页下注②）。本书为了避免混淆，改译为"事物"。

所有其他实体。此外，新的实体是命名（nomen），它合并了《规范数据 **43**
的功能需求》和《主题规范数据的功能需求》中的实体名称（name）和
命名（nomen），并作了大幅度改动：在《国际图联图书馆参考模型》中，
命名成为一个关系，而在《书目记录的功能需求》中，所有和实体有关的
命名（naming）类型（名称、题名、检索点、标识符）都被认为是属性①。

　　值得注意的是，有不少术语来自拉丁语，如 Nomen（命名）、Res
（事物，即论域内的任何实体）、Thema（希玛）②。选用拉丁语术语是为
了表示新的概念，因为这些概念是新的，所以不能使用常用的普通术语
（Bianchini and Guerrini，2018）。

　　简言之，《国际图联图书馆参考模型》包括如下实体、属性、关系：

- 11 个实体，根据决定模型结构的超类和子类被组织起来：

　　—1 个顶层实体（事物）；

　　—8 个第二层实体（作品、内容表达、载体表现、单件、行为者、
　　命名、地点、时间段）；

　　—2 个第三层实体（个人和集体行为者，是行为者实体的子类）。

- 37 个属性，亦即提供关于一个实体的实例之特征信息的数据。它
　　们可以用两种方式表示：通过符号序列，亦即字面上的（一个字
　　符串或数字），或通过统一资源标识符（URI）指向一种外部信息
　　源。一些属性可以通过两种方式表示，而另一些属性则只能是字
　　面上的或者只能通过统一资源标识符表示。

- 36 个关系：亦即连接实体之实例的特性。它们由一个作为定义域
　　的实体（亦即出发点、关系源）定义，与一个代表其值域的实体
　　（亦即关系的目标、到达点）相关。关系模型提供了 4 种类型：

---

　　①　[译者注] 这句原文表达不是很准确。译者与原著者沟通，调整为如此表述。

　　②　[译者注] thema（希玛）也是拉丁语单词，在《主题规范数据的功能需求》
（FRSAD）中指用来作为作品主题的任何实体。到最后统一的《国际图联图书馆参考模
型》中，这个术语就没有再出现。

（1）基本关系：它们是模型的核心，它们是作品、内容表达、载体表现和单件之间的关系。

（2）责任关系：这些关系存在于行为者实体（或者扩展至其任何一个子类）和作品、内容表达、载体表现、单件之间。这些关系捕捉了创作、生产、发行、拥有或修改等过程的责任。

（3）主题关系：这些关系将作品连接至作为作品主题的事物（res）。

（4）称谓关系：这些关系将一个实体连接至命名字符串。

44　　这里罗列的属性和关系并不穷尽，有待进一步扩充。

还有一个重要变化是，代表性内容表达的属性（在典型的内容表达的意义上），这个新属性被认为对于描述作品的特征来说至关重要。它们的取值从作品的参考内容表达推断而出；如帕特·里瓦（Pat Riva）所述（Riva，2016），其功能是标识一些重要的属性（如目标受众、语言、调性和演奏媒介、音阶），以度量同一作品不同内容表达之间的距离。此外，《书目记录的功能需求》将一种作品的所有内容表达都视为等同的。这个概念是最早由皮诺·布意查（Pino Buizza）在《书目记录的功能需求》研讨会上提出的假设（Guerrini，2000），它很直截了当，但应用复杂，而且模型不可能也不会代表所有细节，从而留给了编目实践中具体实施的空间。举例说，对于一种文字作品①，代表性内容表达属性是语言，其取值从原内容表达推断出来。例如，詹姆斯·乔伊斯的《尤利西斯》（*Ulysses*）的代表性内容表达属性是英语。这个定义完成以后，与共享这种语言的英文版相比，所有众多语言的翻译版（亦即语言属性取值不同）都被区分作为非代表性内容表达。

从而，同语言的"代表性内容表达"可以有如下例子：

- 匹诺曹故事的第一个版本，是《儿童报》（*Giornale per i Bambini*）

---

① ［译者注］"文字作品"原文是 textual work，也有人翻译成"文本作品"。译者认为，"文本"的概念多用于信息技术领域，而这里"文字作品"相对于"音乐作品"等而言，突出作品的知识内容，与语言（language）、文字（script）密切相关。

中 30 集连载的《木偶的故事》（La Storia di un Burattino），发表在该刊从 1881 年 7 月 7 日到 1883 年 1 月 25 日之间的 26 期中。

- 科洛蒂（Collodi）的图书《匹诺曹历险记》（*Le Avventure di Pinocchio*）的第一版于 1883 年由帕吉（Paggi）出版于意大利佛罗伦萨。该书呈现的是故事的最终稿。

以上两种内容表达（都是文字），虽然文字内容不同，题名也不同，都是意大利语后续版本以及若干语言的匹诺曹故事译本的参考来源。

与《书目记录的功能需求》相比，《国际图联图书馆参考模型》引入了一些关键概念：

（1）层级：该模型有层级结构。一个实体可以被宣称为其他实体的一个超类，而其他实体都是它的子类。每个子类实体的实例也是超类的实例。属性和关系也有层级结构。

（2）继承：为一个超类所定义的关系和属性被子类所继承，但是反向不成立。

（3）互斥：在不同的实体之间有一定的联系存在，但是总体上模型所宣称的实体都被定义为"互斥的"，这表示在同一个层级中的实体不可能有共同的实例。例如，一个地点不能是时间段。

（4）基数：可以从 1 到 M（M 表示许多），这表示，定义域实体的每个实例可以与其通过关系相关的实体的多个实例连接，反之亦然；也可以是从 M 到 M，这表示，每个实例可以通过关系与该实体的多个实例连接起来①。

最后，《国际图联图书馆参考模型》针对合集和连续出版物建立了

---

① 基数的概念早就出现在《书目记录的功能需求》（FRBR）中，用 1 个或 2 个箭头表示出的关系，虽然当时没有明确说明这种关系。参考：《书目记录的功能需求》（FRBR）1998 年版第 13 页。［译者注］原文见 2008 年发布的中文版：国际图联书目记录的功能需求研究组．书目记录的功能需求：最终报告［EB/OL］．［2024 - 04 - 09］．https：//repository. ifla. org/handle/123456789/829.

模型。

合集被定义为体现多种内容表达的一种载体表现。合集有三种不同类型：

(1) 内容表达的汇编：出版成一册的文选、丛书、连续出版物的期、多种小说等。

(2) 通过内容增加产生的合集：带注释和插图等的扩大版。

(3) 并列内容表达的合集：原文和翻译、多语言作品出版物。

《国际图联图书馆参考模型》中的附加文字（前言、序言等)① 代表了非自主的作品②。它们该如何被描述由创建数据的书目机构决定，也要考虑语境和使用者的需求。

连续出版物（期刊、报纸、丛书）是以连续不断各部分出版的一种资源，通常编号并没有预定结束。连续出版物是复杂的结构体，结合了整体/部分关系和合集关系。事实上：

- 完整的连续出版物载体表现有对不同时间出版的各期的整体/部分关系；

- 每一期是文章的合集，尽管存在偶然有一期只包含一篇文章的连续出版物。

《国际图联图书馆参考模型》位于语义网和关联数据技术的语境中，反映了数字环境下数据原子化的过程。在这个方面，该模型分析了数据，而不再是记录（Riva，2016；2018；Guerrini and Sardo，2018）。

---

① ［译者注］"附加文字"在英文原文里是"additional text"，这个术语并没有出现在《国际图联图书馆参考模型》的英文版中。英文版对应内容是"附加资料"（additional material），表示"并非原始作品的一部分，同时不会使原始作品发生显著变化"。见：IFLA FRBR 评估组统一版编辑组 . IFLA 图书馆参考模型：书目信息的概念模型 ［EB/OL］. ［2024 – 04 – 09］. https：//repository. ifla. org/handle/123456789/42.

② ［译者注］"非自主作品"在英文原文里是"non-autonomous works"，并不是现有各种概念模型和著录（描述）规则中的特定概念。作者用来表示附件之类的非主要作品。

总而言之，《国际图联图书馆参考模型》为了描述书目世界，尝试推动必要和充分数据的定义，以在语义网和关联数据技术的理念中描述资源。实体、它们的属性和它们的关系用根据资源描述框架三元组的逻辑构建的数据来定义。这个解决方案使万维网上共享信息的应用之间的语义互操作性成为可能。

3.9 作品的家族

书目世界有众多对象使其得以表达。如果我们认为某些作品是其他作品的衍生品，那复杂性就会增加。例如，1980 年意大利蓬皮亚尼（Bompiani）出版社出版安伯托·艾柯（Umberto Eco）的小说《玫瑰之名》（*The Name of the Rose*），同名电影制作于 1986 年，由让-雅克·阿诺(Jean-Jacques Annaud) 执导，安德鲁·伯金（Andrew Birkin）、热拉尔·布拉什（Gérard Brach）、霍华德·富兰克林（Howard Franklin）和阿兰·戈达尔（Alain Godard）编剧。这样，诸如电影之类的衍生作品是与小说不同的一种作品，其翻译的情节（部分修改）所用的艺术标准与书写的文字不同。其他受小说启发而产生的产品也都是新作品，其中有电视系列剧、漫画纪录片、广播剧、戏剧表演。刘易斯·卡罗尔（Lewis Carroll）的《爱丽丝漫游奇境记》（*Alice in Wonderland*）的电影、戏剧表现、改编、戏仿等脚本都有人写过。维吉尔（Virgil）的《埃涅阿斯记》（*Aeneid*）有各种语言的译本，还有通俗改写版和注释版。许多手册都有精简版、更新版、扩大版。许多手稿和善本都有仿真复制版。我们无法穷尽罗列资源之间存在的关系和可以建立的关系。例如，为了学习语言所用，供少儿阅读的节略版，也都是一些特别的例子。我们用少儿版的《三个火枪手》（*The Three Musketeers*）、《匹诺曹》（*Pinocchio*）和《圣经》来举例，如果一种作品被节略超过某个程度，它就只是一个情节而已，原作已经被完全转换成另一

46

种与原作关系很少的作品。

图 3-1 对于理解一种作品可能有的各种变异和转换的表现非常重要，如原作品、等同作品、等同内容表达和衍生作品。所涉及的变化数不胜数，这个图解有点简化，也比较严格，但有助于对概念的理解。

这个图解取自芭芭拉·B. 蒂利特的书目关系分类体系（出版于 Bean and Green，2001），蒂利特于 2011 年作略微修改①。

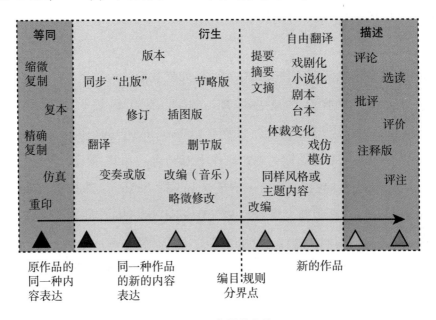

图 3-1 作品的家族

图 3-1 从左到右，展现了作品家族之内容关系的连续体。左边是同一作品和内容表达的不同载体表现（如平装和精装版本）或不同单件（如作品的同一种载体表现的不同复本）之间的等同关系。然后，我们沿着这个连续体向右移动，我们看到了只是内容表达略微修改（如语言变化、文字修订等）的衍生作品。然后，我们到达一个点，这时候内容的修改程度很大，足以成为一种新的作品（如体裁变化、戏仿等）。然后，在

47

----

① 更新版从芭芭拉·B. 蒂利特处获取。

连续体的右侧，是描述性关系，它们是提及原作品的新作品（评论）。换言之，左侧是等同作品，包含原作品的同一种内容表达（复本、复制、仿真）。一旦内容有变化，如第二版或翻译版，就是同一作品的新的内容表达。中间是作品衍生的内容表达（节略、插图、删节、音乐改编）。跨过虚线表示的当前编目常规，作品就被认为是归属于另一个著者的新作品。虚线右面，就是原作品衍生出来的新作品（改编、小说化、自由翻译）。继续往右，是以原作品为主题的作品（评论、评价）。"注释版"这个词应该被认为是侧重对作品评注的文本。

49

4 资源的描述

4.1 描述：一个文化和技术的过程

> 要组织信息就需要描述信息。
>
> （Svenonius，2000，53）

书目模型和国际编目原则试图精确定义书目数据（描述）和规范数据（检索），以组织关于所描述资源的信息。

描述（著录）是编目过程的主要流程（从它作为首先开始的流程而言），而且首先是对数据的有意识的解释。它是所表示资源的分析、评价和知识反映。所以，其对象是所检视的资源，用多曼诺夫斯基的话（几十年后仍然适用）说，可以由初级对象（或主要对象）和次级对象（如合集、附件、补编）组成（Domanovszky，1975）。

描述（著录）的目的是资源的标识和其特征的描述，资源同时是物质对象也是知识内容，这个维度被很多人提到过，也包括多曼诺夫斯基。其难解难分而又吸引人的本体论上的两面性就造成了如下问题："目录到底描述什么？"这问题不简单，也没有得到解决。罗塞拉·蒂尼写道："什么是书目著录的对象？换句话说，一条与众不同的书目记录应该描述什么？从来没有规范或编目手册明确说过这个问题。"（Dini，1991，135）这个问题依然有待全面的回答，尽管《书目记录的功能需求》（以及后来的《国际图联图书馆参考模型》）用更明确的术语提出了这个问题，按皮诺·布伊查（Pino Buizza）的说法，其研究了"编目的对象，以新的、动态的方式"（Buizza，2002）。

所以说，记录是标识实体并描述其特征的数据的集合。如今，描述（著录）得到自动化技术的支持（数据抓取），并将被因特网上可获得信息不断增强（完善）。"该信谁"的问题将变得非常重要。随着基于人工智能的方法和工具的进步，可以想象，我们也将看到元数据领域的进一步发展。

50

数据的忠实记录，亦即如其在信息源上所见，不应与机械过程混淆。相反，它是重视数据出现在资源上的形式并将其记录下来的方法，并不包括人为操纵：例如，将日语原题名转录为拉丁字符或翻译成英语（过去有时就这样）。甚至都应该避免使用缩略语，例如，不用"3. ed."，而是"third edition"（第三版），不用"Houghton Mifflin Co."而用信息源上所出现的样子"Houghton Mifflin Company"（霍顿·米夫林出版公司）。

书目著录之至高无上的地位，在《国际标准书目著录》（ISBD）出版以后就已经达到，而《英美编目条例第二版》（AACR2）的结构使其完善，两者都是由戈尔曼（Gorman）开始负责的文字工作；而后，所有实体都在同一层面上的思考，又取代了这个地位。于是，传统的记录被转变成根据不同个性化需求装配的数据集。注重于书目记录创建的愿景被修改，以支持将其兴趣对象视为特定实体标识的方法，以及因此产生的实体之间关系的建立的方法。

德尔塞2007年概述的设想1（Delsey，2007）是几种未来的目录表示的可能方案之一。他指出，描述（著录）可以是一个分别记录下来并且根据不同方法和不同条件装配起来的数据集合的结果；装配应该是合理的，而不是任意的。这些数据表示了资源，也可以通过不同的关系被组合于新的合集中。这是一次重要的逻辑跳跃，提供各种新的富有成果的机会。描述（著录）的对象成为读者感兴趣的任何实体，例如载体表现、作品、著者、主题等。从而，如果网页表现通过《书目记录的功能需求》构想并通过《国际图联图书馆参考模型》发展的实体，读者就可以通过这些网页组成的门户进行导航。它开启了新的可能性（部分已经进行中），也就是从封闭的注册（亦即用个别组成数据注册、不可见、紧密结合在一起，例如现在的目录）转向万维网上的开放数据；关联数据的技术是在全球通信领域中的决定性创新。

4.2 新的描述方式

传统的编目流程从单件的著录开始，而这个单件被认为是完全相同的单件的集合之一。它提供著录单元的记录过程，以定义好的著录项进行结构化，前置约定的标识符，遵从国际图联自 1969 年以来发展的《国际标准书目著录》（ISBD）。所获得的记录被配备一个单元（标目或检索点）的集合，于是它就可索引、可检索、可访问。

元数据并不改变过程。标识和连接实体对应于传统编目的两个部分：资源的著录（描述）和检索点的创建。它也不改变传统编目中典型的精确性态度，进一步确认编目员或数据管理员不是符号的转录者，而是表明资源特征的符号和属性的解释者。这一方法帮助我们理解了资源可能出现的歧义。维基百科（Wikipedia）英文版的匿名志愿者看上去抓住了这个最新趋势，他们把编目定义为"创建表示图书、录音、动态图像等资源的元数据的过程"①。

总而言之，创建元数据的过程由以下部分组成：

（1）标识表示资源特征的实体；

（2）通过关系连接实体。

描述，或者说是特定资源的独特的、描述特征的数据之有意识地记录

---

① 见：https://en.wikipedia.org/wiki/Cataloging.

过程，越来越强调更细颗粒度方向的发展。这一过程开始于20世纪60年代中期的机读目录（MARC）格式。首先，它追求了数据的碎片化，不再根据记录框架内预定著录顺序，而是被形式化，独立于语境，以便以不同方式使用和合并。

4.3 描述的对象

根据塞伊莫·柳别斯基（Seymour Lubetzky）和埃娃·维罗娜（Eva Verona）之间讨论所用的术语（Verona，1959），描述（著录）有以下对象：

- 书目单元——资源作为物理对象，作为文字的承载物。
- 文字单元——用特定语言和文字形式表达的内容（完整的作品、作品的部分等）。

描述（著录）的过程从手头复本（作为所分析的特定资源的实例）开始，它作为整体的一个例证，而整体则是一种作品在其历史性（历史真实性）和关系中的一种内容表达的一种载体表现。与国家书目机构相对而言，图书馆只对其馆藏拥有的特定资源（或提供远程访问的资源）负责。资源可以是出版完成的（例如一本图书），或者根据预定计划一定会完成的（如计划40卷的百科全书），也可以是继续下去而没有终止的（例如期刊）。资源也可以是持续不断更新的（例如技术规程、不断变化的手册、维基点评、网站、博客、在线版报纸等）。

描述（著录）把资源作为载体和消息①加以识别并说明特征。它针对

---

① ［译者注］"消息"原文是message，是"为通信目的所准备的信息"。而信息（information）则是"经过加工、组织或重组后具有含义的数据"。见：《信息与文献 基础和术语》（Information and documentation—Foundation and Vocabulary）（中华人民共和国国家标准，GB/T 4894—2024）。虽然作者用这些术语的含义不完全如此，但我们也可以理解大致的意思及这些术语的区别。

单件、载体表现、（尤其是）作品等实体，选择表示资源特征的特别数据，通过其属性并（如果有用或有必要）通过文字传统所定义的其他信息实现。描述（著录）最终会明确把一种资源和其他资源区别开来，并强调不同载体表现的差异性数据。资源可以被版本说明标识，这就要求有不同于另一个版本的一个描述（著录）。当描述（著录）建立了元数据和资源上呈现之数据之间的对应，就达到了目的。它通过区别性特征重构了每种资源的个体性，涉及：

（1）作品（是什么，是谁创作的）；

（2）内容表达（例如，内容如何用语言表达；演出或呈现的形式；用什么手段来表达内容/作品；哪个文本——如果是书面文字，那就涉及原版、节略版、修订版、还是翻译版；是否音乐改编?）；

（3）载体表现（例如，什么包装形式、谁制作、谁出版、什么时候）；

（4）单件（例如该复本与众不同特点、所分析的实例）。

（Smiraglia，2001；2018；Yee，1994；1995）

4.4　资源分析：书目分析

分析过程发生于确定资源的实体和标识其知识内容或艺术内容责任实体的关键时刻。要达到良好的结果，需要理解资源是什么，并提出与其编辑呈现、内容和责任相关的问题。

一旦从形式的、文字的、概念的观点分析完资源（这就是所谓的书目分析的整个过程），每一个数据被聚集到数据库中的一个数据集里。数据记录的过程，反映了原子化的过程，这是数字语境下典型的情况。

描述（著录）过程的第一个基本步骤就是资源的分析：书目分析。

书目分析在于选择识别资源和表示资源特征的必要和充分的数据。这是一 **53** 个自主的过程，同时也受到所建索引的类型的影响。正如法布里奇奥·莱奥纳尔德利（Fabrizio Leonardelli）所指出的那样，好比在不同类型（政区、地理、物理、气候、水文、地震等）的地图中陆地表面的测绘和表示方式都不同，同样资源分析和表示在不同类型的描述（著录）也各不相同。所记录和汇编的数据的数量，取决于记录过程所需要满足的语境、受众和其他目的。《书目记录的功能需求》提到了最小级别，亦即国家书目制作的记录中必须出现的最低限度的数据。于是，对于同一资源或有同样特征的多种资源，描述（著录）分析就会有不同的结果。事实上，这总会与其目标语境（专业图书馆、普通图书馆、数据库）有关。

书目分析的过程由以下三个自主而同时又互相关联的部分组成：

（1）形式分析；

（2）文字分析；

（3）概念分析。

形式分析（资源作为载体的分析）的目的是理解资源作为通过区别性标识数据表示特征的对象所出现的方式。它检查通常置于常规部分的标签，对于图书而言就是题名页、题名页背面①、书末出版说明②、封面、书脊等。它评估每个属性的性质和含义：题名、丛编题名、原题名（对于译著）、著者、编者、译者、插图者、第一版和后续版、重印、出版者、出版日期、使用方式。它首先侧重于知识责任和编辑责任以及物理特征。它分析信息源的属性（因资源类型不同而具有多样性）以及它们各自所

---

① ［译者注］"背面"原文为 verso，大多数情况下指"背面"，但其原意是"左页"，相对于"右页"（recto）而言。有时候题名页横跨两页，这时候 verso 就指左页。关于这个问题，4.6 节还会讨论。

② ［译者注］"书末出版说明"原文为 colophon，曾经有人翻译成"版权页"，对应于中国出版物，此类信息就在版权页的位置。但是各国出版情况不同，具体位置也不同。关于这个问题，4.6 节还会讨论。

具有的角色。所以，形式分析考察由历史决定的资源自我表现的语言，其特征属于一个时代、一种编辑风格、一个特定的受众群体等。这些重要的形式变量需要精确考虑，需要一定的能力。

文字分析（作品分析）考察资源作为一种知识作品或艺术作品的产品，并考虑其出版历史。资源一般就是一种作品的一个特定内容表达的一个承载体。例如，但丁（Dante Alighieri）的《神曲》（*Divine Comedy*）被从意大利语翻译成众多语言。1814年，亨利·弗朗西斯·凯里（Henry Francis Cary）出版了他自己的版本，题名为《但丁的幻象》（*The Vision of Dante*）。除了题名不与原作对应以外，凯里把三行体变成了素体诗，用段落取代了三行划分。凯里还在他的作品里把但丁的诗句与乔叟（Chaucer）和莎士比亚（Shakespeare）的诗句进行了关联。1867年，亨利·华兹华斯·朗费罗（Henry Wadsworth Longfellow）翻译了《神曲》全诗三卷，并附有大量评价性和说明性资料。那么，凯里和朗费罗的两个文本以及但丁名作的所有其他版本之间，有什么不同呢？

文字分析标识资源中所呈现的实体以及没有在形式分析（共享许多共同点）中注意到的特点。描述（著录）和检索点的创建基于资源特征的形式分析和文字分析。而且，文字分析还需考虑外部信息源，如文学和科学的历史以及名录，目的在于：

- 标识作品有不同题名的时候最著称的题名和通常被引用的题名（包括翻译版的题名）；

- 追溯作品的著者（尽可能这样做），如果著者名称不出现在资源上，或者以想象形式出现（出于文学上的乐趣或者出于对审查的恐惧）；

- 为记录提供关于作品出版历史的信息，只要这些信息必要或者有助于理解记录。

为达到记录的更清晰的可理解性，可以通过文字分析收集到的数据对形式数据进行补充。然而，描述（著录）并没有文字验证的目的：文字内容的历史不一定表现在其载体表现中，从而也不一定表现在记录中。图书馆员并不为所描述（著录）的资源的起源提供研究。相反，图书馆员只考虑验证过的和可获取的信息以及专家和专业人员的研究结果。编目员在供文字分析的索引和书目的帮助下解释资源；图书馆员获取对于记录的可理解性有帮助的信息。编目员的工作基于在方法论上自觉理解表示载体表现特征的记号的可变性；这些记号可能会隐藏或模糊文本（内容表达）。自觉的分析方法论对于文本内容的标识和对于资源受众的确定是至关重要的。

我们有很多这样的例子：作者出现在图书的题名页上，用了通用、误导的或故意欺骗性的形式。例如，1817 年版的《海王颂》（*Hymn to Nepture*）在题名页上显示为"著者不详"（d'incerto autore），并宣称由意大利诗人贾科莫·莱奥帕尔迪（Giacomo Leopardi）从希腊语翻译至意大利语，而事实上他就是《海王颂》的真实著者。

概念分析（内容分析或主题分析）是通过智力分析根据概念内容描述资源的步骤。概念分析标识并定义基本主题思想①，亦即作品处理的主要内容。理解作品所处理的内容，是知识的行为，分析的成功与否与编目员的能力密切相关。编目员必须熟知该作品所处的概念范围以及编目员翻译概念分析结果所用的标引语言。概念分析涉及主题标引的所有方法，它预先受到所选策略的影响：我们该选择宏观主题思想（概括）还是选择次级主题思想？1985 年的国际标准（ISO 5963：1985）《文献 检查文献、确定其主题并选择索引词的方法》（*Documentation—Methods for Examining Documents, Determining Their Subject and Selecting Indexing Terms*）（2020 年确认）推荐通过技术性阅读来检查资源，侧重于一些重要的元素，例如：

---

① ［译者注］"主题思想"原文是 theme，也可以译为"主题"，但是为了避免与图书馆专业术语"主题"（subject）混淆，这里翻译成"主题思想"。

- 题名，对于理解主题十分重要，但有时候也会误导，或者不相关（副题名①有时候也晦涩难懂）；

- 摘要，提供内容的主要思想；

- 目次，如果详细则有用；

- 开始和结尾，可以了解目的和研究方法；

- 插图、表格和图解；

- 重点词句，有用，因为它们是著者或编者认为特别重要的标志性概念；

- 附注和书目，用于说明或深入了解论题的背景。

4.5 信息源

类文本构成资源描述的关键信息源②。它可以被定义为环绕文本的一个文字和图形元素的集合，用于在其发行、接受和使用背景中的呈现。法国文学评论家热拉尔·热奈特（Gérard Genette）在其名著《门槛》（Seuils）（Genette，1987）中详细讨论了这个概念。

信息源因所描述（著录）资源的类型和所作的描述（著录）的类型（如分析著录）而各不相同。然而，主要信息源一直是资源本身。仅当数据取自资源，才能保证数据是客观的。如果数据来自外部信息源（如百科全书），就会有编辑人员的中介。出于这个理由，在各种信息源中，资源本身与其他外部资源相比明确是首选的信息源。各种标准也明确说明了

56

---

① ［译者注］"副题名"原文是 subtitle，这个术语现在已经不用，变成"其他题名信息"（other title information）。但有时候"副题名"还会在一些文章、标准中出现。

② 类文本是著者、编者、印刷者和出版者提供的环绕一种出版主文本（例如故事、非虚构描述、诗歌等）的资料，Wikipedia，https：//en. wikipedia. org/wiki/Paratext；见：Tanselle，G. T.（1998），Literature and artifacts. The Bibliographical Society of the University of Virginia.

这个首选。例如，过去曾经把图书封面（而不是题名页）获取的信息作为一体化信息。对于许多读者而言，封面是比题名页（被编目员用作约定信息源①）更重要的信息源：封面就是在书店的书架上看到的样子。所以说，首选信息源是概述许多资源自我描述数据的优先选择的信息源，但不是排他性的信息源——呈现格式、储存媒介、书套和附件（如一个盒子里有十张激光唱片）也同样重要。

如果一个资源是双向倒转的格式（例如，英语和意大利语，从头至尾呈现②），则首选信息源是制作著录（描述）的书目机构所用的语言或文字的信息源。

对于电影，首选信息源是题名帧或题名屏；不然，信息源就是载体上（如胶片容器上、数字化视频光盘上或者激光唱片上）打印的或永久携带的标签上的题名。

在线资源的首选信息源由文字内容或包括题名的文字嵌入元数据（如嵌入在 MPEG 视频文件中的元数据）组成。

仅当标识资源所必要的数据从内部信息源不可获得时，数据可以从资源外部获取（如果存在的话）。

有一些类型的资源通常没有其标识所必需的描述性数据，例如照片。在这种情况下，没有必要声明数据取自外部信息源，因为大家都能理解。

4.6　著录（描述）一本书的主要信息源

题名页。这是题名出现的地方（页）。对于现代图书，该页（有时候

---

① ［译者注］"约定信息源"原文是"conventional source"。在《国际标准书目著录》等文献中，对应术语是"规定信息源"（prescribed source of information）。

② ［译者注］"双向倒转"原文为" tête-bêche"。对于文中所述英语和意大利语双语文本，其封面用英语和意大利语。如果作为英语图书编目，意大利语封面就是封底，而且是颠倒的；如果作为意大利语图书编目，英语封面就是封底，文字也是颠倒的。

是两页）位于正文开始处，并与正文分离，显示其标识性和特征性数据有：题名、著者、编者、（有时候还有）版本说明、出版者名称、（偶尔还有）出版地和出版日期。

正文前书页。正文前书页是封面和正文之间的书页，包括半题名（在题名页前，只有题名、丛编题名和编号)①。

题名页背面。位于题名页的背面，可能包括翻译作品的原题名、译者姓名（如果不出现在题名页上）、版本说明、版权所有者、出版者地址、国际标准书号（ISBN）、丛编的国际标准连续出版物号（ISSN）、（21世纪初开始出现的）数字对象标识符（DOI）和其他数据。

代题名页。这是呈现通常在题名页上出现的数据（如题名）的信息源，在没有题名页的时候作为主要信息源；代题名页可以是封面、文首、刊头等。

书末出版说明。它位于书的末尾，提供关于生产的信息，包括印刷者名称、印刷地和印刷日期等。对于一些有价值的图书，书末出版说明还明确说明印刷复本数量、每个复本的编号、所用的纸张类型和字体。

书脊。书脊上发现的信息一般表示著者的姓名和资源的题名；也可能会包括诸如丛编的题名和编号的信息。与题名页上的形式相比，书脊上的数据经常以缩略形式出现，例如，著者的姓和缩略名、不带副题名的正题名、有时候缩略形式的丛编题名（如 Faber & Faber 写为FF），等等。

许多出版社的网站是相关的信息源，但是和其他网站一样，著录（描述）时要谨慎处理。有一些网站维护及时，有一些不准确且不完整，例如，没有作品后续版本的日期或者没有翻译作品的原题名。

---

① ［译者注］此处原文最后几个单词与后一段内容重复。经过著者认可，译文删除了这段内容。

4.7 著录（描述）的类型

著录（描述）的目的是标识资源并表示资源的特征。这意味着要识别数据中的相似点和不同点。例如，要区分同一个出版社出版的一种作品的精装本和平装本，甚至要标识特定版本的丛编，以避免混淆两个不同的书目对象，为读者提供适当的偶遇图书的机会。

总体上看，有三种不同目的的著录（描述）类型：

（1）标准的（常规的）；

58

（2）仿真性的①；

（3）专业性的。

标准的（常规的）著录的目的是提供资源的表示，包含任何语境下都必要的数据，符合国际和国内共享的规范。

在《描述性书目》（*Descriptive Bibliography*）一书（Bowers，1995；Tanselle，2020）中，关于仿真性的著录的论述是：仿真著录旨在实质性并严格忠实于信息源上组织的形式和顺序。至于这种模仿式著录（描述）的类型是否把图书的特征表达了出来，意大利学者弗朗切斯科·巴尔贝里（Francesco Barberi）和路易吉·巴尔萨莫（Luigi Balsamo）持有怀疑态度。巴尔贝里指出：

> 忠实的、"仿真的"、几乎是高仿式的题名页转录，好比一个外行精确、小心地在做简单的复制操作，这不可能精准描述出题名页的形象，因为只有照片才能做到这点。例如，我们能想到字符的形状和主体、缩写、连字、某些字母的特定形状、标点和重音、印刷错误、行间书写、超长题名和小的装饰性标

---

① ［译者注］"仿真性的"原文为"diplomatic"，是古籍专用术语，不是我们通常理解的"外交的"。

记。甚至在全书中，微小的印刷和装饰特点都不一定都能被发现出来。即使细致入微的书目编纂者想进行查找以标识排字者、著者或贡献者，他们也会有一个合理的限度：那么这样的限度是什么呢？猜测比精确定义更容易一些。

(Barberi，1961，212)

巴尔萨莫认为：

尽管仿真性的转录实施了相当一部分的分析性的信息任务，但还是不够穷尽。例如，对于字体和插图的研究，此类著录（描述）只能借助于高仿复制件才能完成。于是，我们就不能说"高仿转录"。有人这样说了，也不对，因为只有复制才可以是高仿的，甚至我们也不能说"半仿真性的转录"。转录要么是仿真性的，要么就是非仿真性的。如果要放弃绝对的图形和文字的忠实性，至少要达到读者无法衡量差异的程度。其中，最重要的是保证文献的忠实性，这对于评论性研究是必不可少的，这也被排除了。

(Balsamo，1989，38)

59　　其他关于图书材料方面（纸张、装帧、配页）的分析，通常是针对工业技术引入（19 世纪初）之前印刷的图书，涉及古籍的图书、善本或珍本，也包括当代的此类图书。

专业性的著录表现为关于资源的客观方面和概念方面的文章。严格意义上说，它进入了手稿学、文献学或文学的著录领域，通常涉及手稿、古籍（如摇篮本，即 15—16 世纪的图书）和印刷乐谱。有时候大家也会误解图书馆员和学者之间的区别，因为学者通常都想要（或者有时候要求）供研究目的而做的著录（描述）。编目员的任务是记录必要的和客观的数据，以标识资源并表明资源的特征。原则上，其他目的对于编目员来说都不相关，尽管从历史角度来看，图书馆员编纂过（而且在很多情况下继续编纂）手稿、地图资源和其他资源的目录，但这些工作都需要专门知识。

每种资源都可以根据不同的方法论来描述（著录）。描述（著录）的类型可以根据意图决定。标准性的著录可以和专业性的著录并存，只要图书馆有能力和实力这样做。事实上，专业性的图书馆，如果将自己限制在标准性的著录中，那只能部分达到其目标。如果要编制特定公众使用的主题性或专门特藏的目录，就要求有能提供深入信息的研究，能评价资源并能将每一种资源置于馆藏的书目框架和概念框架中，并将它们置于其所构思的语境中，提供关于文字起源的信息，如一本小册子的目的和读者对象。在这些情况下，与学者的合作以及编目员的技能是必备的要求，这样才能保障编目数据的基本质量。

4.8 著录（描述）的层级

有各种不同的描述（著录）层级：从基本级记录，到有描述性细节的记录，再到复杂记录，根据它们的不同目的而各不相同。

它们可以是：

- 综合著录：多部分资源作为整体记录的时候，如由若干张组成的一幅地图、一份停刊的期刊、图书馆收藏的一套海报。
- 分析著录：资源的多个部分分开著录，如一种期刊或纪念文集中的一篇文章、三卷传记中的一卷、一套地图中的一幅。
- 分级著录：资源的综合著录和其一个或多个部分的分析著录结**60**合起来①。

---

① 见：https：//original. rdatoolkit. org.

5 资源的检索

5.1 检索：规范数据

著录（描述）的过程（为了通过实体属性的记录过程而标识实体）之后，就是检索点的创建。检索点可以被定义为基于实体之间现存关系的实体之间的连接（我们之前提到过，《国际编目原则声明》、《书目记录的功能需求》，特别是《规范数据的功能需求》，还有《国际图联图书馆参考模型》都讨论了检索点）。《国际编目原则声明》所说的检索点：

- 提供书目数据和规范数据及其有关的书目资源的可靠检索；
- 搭配并限定检索结果。

根据《规范数据的功能需求》，规范数据旨在作为名称或一种作品的题名的规范形式，并结合创建著录之检索的其他单元（元素）。

著录（描述）数据的记录过程在文字上要忠实于资源信息源上的形式。同时，规范数据要根据参考规范的逻辑进行结构化处理。检索点的形成要求对资源进行深入分析，用拉丁语词 intelligere（懂）来说，就是要精确理解数据的意义，而不仅是信息源的形式。罗塞拉·迪尼（Rossella Dini）综合了这个概念："简言之，就是要建立书目信息的组织，用它们的知识内容和起源来揭示它们之间的互相关系。"（Dini，1991，144）

检索点的选择基于作品、著者和概念内容的特性。它不是随意的，而

要考虑文学史中和其他信息源（如名录）中的惯例（虽然有时候会冲突）
（Dunsire，2020）。

《国际编目原则声明》说明了检索点、规范检索点和变异检索点等形
式。《国际编目原则声明》故意回避使用"标目"，这个从卡片目录开始 **62**
就出现的术语已经停用。《国际编目原则声明》指出：

- 检索点是表示一个特定实体的名称、术语、代码等；
- 规范检索点是表示一个实体的标准化检索点；
- 变异检索点是与规范检索点不同的表示一个实体的交替检索点。

在许多数据库中，检索点可能是与资源链接的任何数据；数据可以与
任何其他数据组合，也包括从摘要中推断出来的数据。检索点使目录可以
回答特定的问题：

- 一个著者的哪些作品；
- 一种作品的哪些内容表达；
- 一种作品的哪些载体表现；
- 一种作品的哪些单件；
- 关于一个主题的哪些作品；
- 与一个类相关的哪些作品。

被图书馆拥有，或者更确切地说，被图书馆的目录所著录（描述）？
要回答这些问题，我们需要考虑数据出现在信息源（如题名页）上的样子，
也需要考虑数据在检索点中被规范化的样子［如名称"Leonardo da Vinci"
（列奥纳多·达·芬奇）规范化成"Leonardo, da Vinci, 1452-1519"］，还
有从文学评论和名录中获取的信息。

检索点是结构化的描述（著录），基于实体的名称的一种形式，在其
上可以附加表示实体其他属性的值，如实体行为者的出生和死亡日期。采
用实体名称和称号之通常为人熟知的形式，它可能不同于出现在所描述资
源上的形式。

所以，这关系到惯用原则（已经出现在卡特的《编目规则》中）。根

据这个原则，为创作者和题名所创建的检索点的形式应符合业界大多数使用者所用的形式。原始形式（即资源上的形式）和约定形式（即目录中所用的形式）这两个标准可能冲突。此外，检索点所用的著者的名称形式和题名形式不是绝对的，它受限于语言和文化。目录语言也是一个麻烦问题，从来没有人讲清楚过，甚至《国际编目原则声明》都没有讲清楚，它只能留给后人解决。是借助于技术，还是采用实用主义的方法，可根据读者所首选的语言来转换各种不同的形式。例如，著名的东方传说《一千零一夜》①（*One Thousand and One Nights*）的题名应该选什么呢？该用英语吗？其阿拉伯语题名为ألف ليلة وليلة，波斯语题名为هزار و یک شب。

简言之，构造检索点的过程涉及三个阶段：

（1）查找用来代表每个实体的名称和题名；

（2）选择名称和题名的形式；

（3）添加用于区分类似名称或题名的修饰词。

检索点的形成意味着三个行动：关于所控制的名称或题名的形式的选择和决定。这里形式指形成名称或题名的语言和文字（包括语言学变异形式）；此外，还有名称或题名的元素的引用顺序。以下是一些例子：William Shakespeare 或 Shakespeare, William（威廉·莎士比亚）；Dante Alighieri 或 Alighieri, Dante（但丁）；George Orwell 或 Orwell, George（乔治·奥威尔）或他的真名 Eric Arthur Blair（埃里克·阿瑟·布莱尔）；William Turner 或 Turner, William 或 Joseph Mallord William Turner（威廉·透纳）；Alice Monroe Foster 或 Mary Alice Monroe（爱丽丝·门罗）；

---

① ［译者注］《一千零一夜》是一个很典型的例子。虽然其原语言不是英语，但美国国会图书馆的规范记录库中的题名规范标题表（Title authority headings）把英语形式"Arabian nights"（阿拉伯之夜）作为统一题名标题（Uniform title heading）。在卡片目录时代和计算机编目早期，阿拉伯语的输入和打印都不容易。随着信息技术的发展，阿拉伯语字符输入不再是难题，而且从右至左的文字显示方式也有可能实现，但是了解阿拉伯语的读者还是不多，这是选用英语作为统一题名的主要原因。规范数据细节，见：https：//lccn. loc. gov/n80008548.

Leonardo da Vinci 或 Léonard de Vinci（达·芬奇）；Confucio, Confucius 或（周）孔丘（孔子）；Ἀριστοτέλης, Aristotĕles 或 Aristotele（亚里士多德）。

所选的名称和题名及其规范化取决于所参照的规范，而它们又取决于文化传统、信息检索源（如百科全书、词典、名录）的引用实践以及最重要的是读者的期望。根据目录查询使用者的要求，后一因素可能会决定名称和题名的区别性显示［学究形式，如 Ἀριστοτέλης 或 Aristotĕles（亚里士多德）；普通的形式，如 Aristotle］。如果目录或搜索工具足够复杂，那么使用者和工具开发者就需要选择显示所用的语言或文字，不过这需要编目员适当提供不同的形式，而且检索工具也具备这个能力。

诸如出生日期和死亡日期等修饰词，可以附带在所选名称后，例如："Ernest Hemingway, 1899-1961"（海明威）。

检索点是用来搭配与检索点的名称或题名相关的书目著录（描述）的一种手段。它提供指向相关被著录（描述）实体的指针，以达到检索其书目著录（描述）的目的。尽管名称或题名的一种形式可因不同系统的显示目的被指定为首选，对提供检索相关书目著录来说，名称或题名的一种形式应该与另一种形式一样有用。它使我们能建立相关作品之间的关系。

关系是元数据创建的一个十分重要的部分。关系连接实体，并使他们**64**之间的连接更为明晰。建立关系可以帮助使用者查找并发现他们所要的资源。我们可以建立广泛的各种关系：

- 作品与它们的创作者之间的关系（如在小说家、诗人、音乐家、地图绘制者、设计者、研究所、管弦乐团、政府机构等与他们所创作的作品之间的关系）；
- 其他之间的关系：不同的作品之间的关系、一种作品的各种内容表达之间的关系、个人之间的关系、团体之间的关系、家族之间的关系、一个个人或一个团体或一个家族与一个地点之间的关系、一个家族与一种非出版资源之间的关系、一个团体与相关个人之间的关系，等等。

所以，检索点一方面便于记录的检索，另一方面也便于通过聚类和搭配功能而实现记录的组织。关系（链接）允许使用者在实体之间导航，在不同类型和不同来源等的数据之间导航。在有些系统中，这通过使用受控名称或题名的标识符而得以实现，正如有些数据模型（如书目框架，我们之后会看到）使用中所发生的那样。

5.2　关系

《书目记录的功能需求》和《国际图联图书馆参考模型》这两个概念模型只定义了通用关系。它们让实施过程根据特定的需求发展其他关系。《国际图联图书馆参考模型》罗列的关系被分成基本关系、责任关系、主题关系和称谓关系，如图 5 - 1 所示。

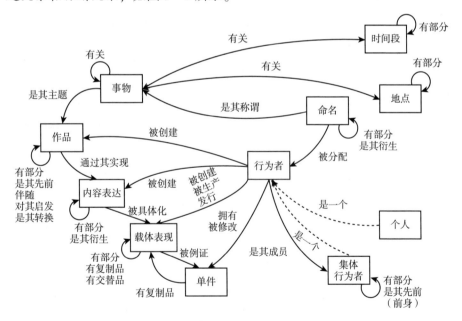

图 5 - 1　关系概览（IFLA LRM，2017，86）

根据《国际图联图书馆参考模型》，它们都是事物（res）之间"有关"（is associated with）这个顶层关系的细化。基本关系是作品、内容表达、载体表现、单件之间发展出的关系。责任关系是作品、内容表达、载体表现和单件等实体与行为者之间建立的关系。行为者有关系，因为他们负责实体的创建，或负责制作或发行，或者因为他们是其拥有者或保管者。主题关系将作品链接到表示其主题的事物（res）。每个事物（于是可以扩展到任何其他实体）可以是作品的主题。最后，命名（naming）关系被用来将事物连接至其命名（nomen）。每个事物可以通过一个或多个命名为人所知，而每个命名则是唯一事物的一个名称。

《国际图联图书馆参考模型》提出了一般和抽象的关系，使模型实施者能以统一和一致的方式，通过细化而包括更多的细节。例如，2020 年 12 月出版的 RDA（《资源描述与检索》）的版本大幅度拓宽了 **66**
《国际图联图书馆参考模型》和第一版指导方针提供的关系，它们都基于《书目记录的功能需求》。关系说明语，亦即解释和说明关系性质的术语，不再和 RDA 第一版中那样被降低到在附录中说明；每一种关系有其自己的专门页面，而且还出现在与其有关的实体的页面中，也出现在术语表中。关系说明语的数量大量增加，这主要是因为两个因素。

第一，《国际图联图书馆参考模型》和《资源描述与检索》中引入新实体，这将许多属性变为关系。例如，正题名不再是载体表现的属性，而被表达为载体表现实体和命名实体之间的关系。"RDA 工具包"（RDA Toolkit）中关于正题名元素的表格清楚说明这点（见图 5 – 2）。

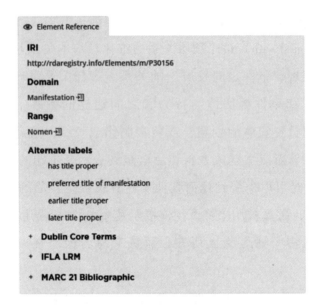

图 5 - 2　"RDA 工具包"中关于正题名的元素参照

载体表现构成定义域，亦即关系"有正题名"（它可以被替换为标签"载体表现的首选题名""先前正题名""后续正题名"）的出发点被指向整个值域——基于同等基础的定义域或与定义域的协调关系——被实体命名所代表。

第二，在 RDA 的第一版中，关系说明语的定义针对作为整体考虑的实体的集合，而现在却有了特定实体的说明语。例如，原来的 RDA 工具包只有附录 I 用于说明语的记录过程，以说明 FRBR/FRAD 第二组实体和所描述资源之间的关系类型，但是并没有区分说明语所指的是个人、家族或团体之间的关系。在 RDA 第二版中，就有了特定的说明语，所以，如果一个个人是一种作品的著者，那就用关系说明语"……的个人著者"；如果是家族或团体，就用"……的家族著者"或"……的团体著者"①。

---

① ［译者注］现在的说明语略有变化，各个单词的顺序有所调整。例如："著者家族"（author family）"著者团体"（author corporate body）。参见：RDA 注册表（RDA registry）［EB/OL］.［2024 - 04 - 17］. http://www.rdaregistry.info/Elements/w/#P10577.

5.3　著者和题名

　　书目数据的西方文化传统一般可以追溯到 1595 年，那时候出版了安德鲁·莫恩塞尔（Andrew Maunsell）的商业图书清单《英语印刷图书目录》（*The Catalogue of English Printed Books*）（Maunsell，1595）。至少从那个时间点开始，著者被认为是识别其作品的最重要的元素。这与偏好题名的东方早期编目实践形成对比，不过这一实践方法不再沿用。

　　著者的重要性一直是被认可的。在今天的《书目记录的功能需求》和《国际图联图书馆参考模型》中，著者名称的检索通过实体行为者（即负责创建作品的知识内容或艺术内容的实体）的链接来实现。根据《书目记录的功能需求》，行为者是一个个人、一个家族或一个团体；根据《国际图联图书馆参考模型》，行为者是一个个人或者一个集体行为者。这两种区别实际上包含了同样的实体，就是采用了不同的术语而已。

　　著者可以是真实的或被想象的个人、一个个体或一个群体。例如，著者包括只在文学中存在的人物 [如荷马（Homer）]、用假名伪装的著者 [如埃莱娜·费兰特（Elena Ferrante）或马克·吐温（Mark Twain）]、稳定的团体（如市政府、大学）或临时团体（如会议、展览）或家族（如用于一个家族的家谱）。

　　从书目的观点来看，著者的概念非常宽泛。它可以作为检索记录有效工具的一个标签：他（她）的作品；假托他（她）的作品；归于他（她）名下的伪作；他（她）作品的图像集 [如米开朗琪罗（Michelangelo）画作的复制品、尼科洛·皮萨诺（Niccolo Pisano）雕塑的图像、彼埃尔·路易吉·内尔维（Pier Luigi Nervi）的建筑的图像]；甚至还有一些偶然性的资源，如由他（她）作为唯一或主要创建者的书信等。

　　著者对知识内容或艺术内容负责，这是选择检索点非常重要的标准，但也不是唯一的标准。

68

题名被认为是标识一种作品最相关和最精确的元素，因为它可以使作品被命名和被引用。然而，它也可能会被误读。不同的资源可能会有同样的题名。相反，同一种作品也可以有变异题名 [例如，*One Thousand and One Nights*（《一千零一夜》）或 *The Arabian Nights*（《阿拉伯之夜》）]，更别提翻译作品的目标题名了：伊拉斯谟（Erasmus）的名著《愚人颂》（*Stultitiae Laus* 或 *Moriae Encomium*）被翻译成荷兰语（*Lof der zotheid*）和英语（*In Praise of Folly* 或 *The Praise of Folly*）。有时候，我们很难判断这些到底是不同的作品，还是同一种作品的不同翻译。

由于作品可能会被翻译，所以不同语言的题名可能不同。比较有代表性的是用其他语言配音的电影题名，因为它们经常与原题名完全不同。我们从众多例子中选出两个例子进行说明，一个是《水上人家》（*Houseboat*），由梅尔韦尔·沙维尔森（Melville Shavelson）导演，加里·格兰特（Cary Grant）和索菲娅·罗兰（Sofia Loren）主演，被翻译成意大利语后，成为 *Un Marito per Cinzia*（《琴齐娅的丈夫》）；另一个例子是《王室的婚礼》（*Royal Wedding*），由弗雷德·阿斯泰尔（Fred Astaire）主演，被翻译成意大利语后，成为 *Sua Altezza Si Sposa*（《女王陛下结婚》）。类似情况也适用于文章（特别在人文和社科领域）和小说的译文。

这说明，在大多数情况下，只用题名是不够的。我们有必要将题名与其他属性（特别是著者的名称）联系起来。如果作品由一个著者完成，那作品/著者关系就显而易见；然而，对于有注释的作品，这关系就模糊了：重点是文本（即目标文本的著者），还是关于文本的评注（即文学评论者）？对于合作的作品或对于著者不确定的作品，这种模糊情况也会出现。

有一些题名很出名，是发现作品的最可靠的元素。确实是，谁会用著者特伦斯·汉伯里·怀特（Terence Hanbury White）来查 1938 年出版的寓言故事《石中剑》（*The Sword in the Stone*）呢？著者虽然有名，但并不为大多数人所知。

确实有一些情况，在信息源所宣称的和"真实的"文学责任之间没有什么对应关系。我们之前考察过贾科莫·莱奥帕尔迪（Giacomo Leopardi）的例子，他作为《海王颂》（*Hymn to Nepture*）的译者而不是著者出现，这是错误的。有一些作品在好几个世纪以来一直被认为是原创的，但实际上是别人写作的。例如，达·芬奇（Leonardo da Vinci）的《绘画论》（*Trattato della Pittura / Treatise on Painting*），1651 年初次印刷于巴黎，这本书实际上是他的关门弟子弗朗切斯科·梅尔兹（Francesco Melzi）编撰的《绘画全书》（*Libro di Pittura / Book of Painting*）的节略版，根据 19 世纪重新发现的梵蒂冈手稿（Vaticano Urbinate 1270），时间可以确定为 1540 年前后。一些作品被认为是多个著者所作，如《献给赫仁尼乌斯的修辞学著作》（*Rhetorica ad Herennium*），有些人认为是西塞罗（Cicero）的著作，也有一些人认为是昆图斯·科尼菲希乌斯（Quintus Cornificius）所作。在这种情况下，应建立作品与这两个推定著者之间的关系，但又不能将知识责任归属于他们。这些例子，都需要一个解释性的附注，供书目数据的使用者参考。

69

选择检索点的行为不是知识著作权的归属，做这些事情的应该是文献学家、历史学家和文学评论家。图书馆员的工作，既要查询各种可能的信息源和其他可能已经编目该资源的图书馆目录，也要采用不同于这些目录的书目解决方案，只要有必要而且有可能，考虑已有研究并进行深入调查。还可能要联系出版社，以获取关于著者及其作品的直接信息。此外，如果编目员选择使用关系说明语，那就会赋予一个行为者（如一个个人）与一种作品有关的特定角色的责任，我们希望应该是在适当研究和考证以后才这样做的。所以说，编目员在规范文档的建立中起到了关键的作用。

总而言之，著者/题名检索点是一直或主要与实体作品相关的元素，而且作品通常也以此方式来引用。

5.4　规范控制：规范检索点

　　规范控制（或者更确切地说是规范工作）是将目录或数据库中所用的行为者、作品、地点和主题的名称的所有形式汇聚在规范记录中的过程。这些名称是指向书目记录和其他规范记录的检索点。它们与其他检索点之间的关系使人们可以在不同实体的元数据之间导航并发现它们之间的联系。

　　正如《国际编目原则》（ICP）所述，规范控制具有帮助使用者查找、识别、选择、获取并导航信息的目录任务。它还确保了聚类功能，即汇聚与一个检索点有关的书目记录和规范记录。为了确保这个聚类过程顺利进行，规范工作涉及创建规范记录，而规范记录则又包括标识一个实体的必要数据。于是，规范记录就要包括指定目录或数据库中所发现实体之名称的所有形式和有关标识信息。

　　差不多任何实体都可以有规范控制的过程：

　　（1）行为者：个人、出版者、印刷者、团体（包括会议和展览等临时团体）、政府机构和官员。

　　（2）地点。

　　（3）作品（包括丛编的题名）。

　　（4）主题。

　　实体的名称可以有很多形式：该实体名称在第一种作品上出现的"原始"形式、著者本国（故乡）所用语言和文字的形式、其他各种语言和文字的形式等。例如，日本导演、作家黑泽明（Akira Kurosawa），他的名称形式用"原始"日语来表示就是"黑澤明"（或"黑沢明"），还有为人熟知的英语和西班牙语等语言或文字形式（Tillett，1989a；Taylor and

Tillett，2004）。名称的一些形式被书目机构认为是"规范形式"，而其他形式则被认为是该名称的"变异形式"。

　　值得注意的是，不存在适用于所有语境的绝对的名称首选形式。形式的选择根据其所在的语言和文化的背景确定（例如，"达·芬奇"可以是"Leonardo da Vinci"或是"Léonard de Vinci"），根据目录的目标使用者确定（例如，"维吉尔"可以是"Virgil"或是"Publius Vergilius Maro"），根据所采用的准则确定。当然，名称的选择不是任意的，但必须是来自确保一致并基于本地文化的目录建设的编目政策。

　　宣称实体名称的一种形式为规范检索点的做法可以简化系统，但是这对于未来的软件而言可能会被证明是不必要的。只有一个名称的首选形式是旧编目规则和早期软件的要求，以保证能定位到与一个实体关联的书目数据。早期的系统不够复杂，所以不能使得软件用户首选一种形式以符合用户的需求。有一些系统目前依然如此。然而，如今实体的各种名称形式可以在软件中被记录下来，或者用于显示图书馆挑选的首选单一名称形式（即针对该实体的规范检索点），或者可以显示使用者挑选的首选形式。通过将名称的所有不同形式记录在规范记录中，该信息可被软件用来汇聚有关的书目记录，这就是聚类的功能。

　　规范记录可以说定义了实体与所描述资源之间的关系。它们可以帮助达到传统目录的目的，正如《巴黎原则》所说的那样，确定一个著者有哪些作品和图书馆所藏一种作品有哪些版本，并且避免我们之前提到的"错误归属"或不确定的著者归属。

　　规范检索点的构建应该会触发高质量数据创建的良性循环。检索点的质量取决于建立关系的人（即实施链接的个人）的权威性（Danskin，2013）。

　　规范控制的概念在过去 20 年发生了很大的变化，在目录管理中的作用日益突出。在元数据的微观世界中，转变已经完成；现在，我们正在见 **71**

证细颗粒度书目数据的管理，这正是语义网所要求的。在全球层面上，数据的聚合和交换的倡议（如《虚拟国际规范文档》）非常重要，且不仅限于书目数据［如维基数据（Wikidata）］①。

5.5 实体标识符

我们已经看到，一个实体的名称可以不同的语言和文字为人所知。这些不同形式的集合与一个标识符相关，这就成为同一个数据集内的实体标识符。机器使用该标识符定位资源的描述，这使得读者可以在检索中使用属于同一个聚类中名称的各种变异形式之一。

标识符从 20 世纪 70 年代开始出现于出版业，国际标准书号（ISBN）和国际标准连续出版物号（ISSN）分别被用来标识普通图书和期刊。此后，出现了针对其他类型出版产品的国际标准录制品代码（ISRC）和国际标准乐谱号（ISMN）。

自从 20 世纪 90 年代以后，不考虑呈现形式的知识作品的标识符得到了发展，如国际标准音乐作品代码（ISWC）和国际标准文本代码（ISTC）。它们的出版见证了大家对被描述资源物理形式以外的艺术和知识内容的日益关注，这也似乎完全符合这些年人们对书目描述的思考，而这样的思考就促成了《书目记录的功能需求》出版。在《书目记录的功能需求》中，人们特别关注了作品和内容表达这两个实体，而载体表现和单件这两个实体之前已经取得过比较大的关注。

从 20 世纪末开始，人们认为有必要用元数据来标识数字资源。这就促成了诸如国家书目号（NBN）这样的标识符出现，这类标识符是各国国家图书馆专门用于数字资源的标识，而在此之前数字资源没有任何类似

---

① 见：https://www.wikidata.org/wiki/Wikidata:WikiProject_Authority_control.

标识符。随后，又出现了其他标识符，如用于不同类型档案数字产品标识
的档案资源键（ARK）和用于文章和图书标识的数字对象标识符（DOI）。

　　数字对象标识符最初只用于数字期刊中文章的标识，而如今却已经被
用于标识图书和图书的部分（如章节）及其他类型的资源——音频、视 **72**
频、软件等。数字对象标识由字母、数字组成唯一的字符串，包括前缀和
后缀。每一个数字对象标识都与一个元数据的集合有关，而这个元数据集
合包含数字资源的位置，并且符合联机信息交换（ONIX）格式。自 2018
年以后，数字对象标识符被一些主要的国际性商业出版社和科学出版社采
用，包括剑桥大学出版社（Cambridge University Press）、博睿（Brill）、泰
勒弗朗西斯（Taylor & Francis），2020 年后被意大利的佛罗伦萨大学出版
社（Firenze University Press）采用。他们都基于交叉参照（Crossref）——
这个分配数字对象标识符的机构所提供的服务。

　　最后，除了资源的标识符以外，有些服务还将标识符用于标识身份，
如虚拟国际规范文档标识符（VIAF ID）、国际标准名称标识符（ISNI），
以及开放研究者和贡献者标识（Orcid）。

　　从标识符出现后，图书馆就一直深知其重要性。它们在数据质量控制
的过程中发挥了重要的作用。此外，世界书目控制（UBC）计划实施以
后，人们意识到，不同国家书目机构不可能接受同一个实体的共同检索点
形式（因为有语言差异、本地文化偏好等因素）。然而，规范数据的国际
共享和世界书目控制的目标仍然可以通过其他方式努力实现：将虚拟国际
规范文档中的变异形式连接起来；各种变异形式可以通过一个唯一的标识
符相联系，允许共享不同来源的规范数据，并显示读者首选的形式。

　　以下我们会深入介绍，虚拟国际规范文档和国际标准名称标识符是国
际合作和规范控制的诸多更广泛项目的部分。它们两者都代表了最引人注
目的倡议，以面对一个挑战，这就是要在全球记录知识的网络中可靠标识
行为者、地理名称等及与其有关的作品。它们的理念受到世界书目控制计

划的人文理想的启发，那就是要共享集体知识，促进文化多元化，简化书
目机构和图书馆的工作。现在，许多书目机构和图书馆同时参加了这两个
系统。源数据的质量至关重要：数据越精确，虚拟国际规范文档和国际标
准名称标识符就越能为图书馆、档案馆和博物馆界在汇聚并连接数据的工
作中带来更多的好处。

标识符之间的互操作性具有战略价值，因为这可以将书目数据和规范
数据置于身份信息可靠的网络中心，并将它们与图书馆开发的其他数据集
连接起来（Žumer，2009）。

73

然而，要使这成为可能，标识符的构造必须符合一定的原则，如唯一
性和永久性。唯一性确保每个标识符只与一个实体有关，而且在一个指定
的领域中，实体与标识符之间存在绝对的对应关系。永久性确保了标识符
在时间上的稳定性，并且确保标识符的管理是共享且透明的。除了这些要
求，可实施性和持久性对数字资源所相关的标识符也特别重要。可实施性
就是从标识符直接指向资源或者指向其有关的元数据集合的可能性；持久
性保证数字对象在长时期内可检索，并通过唯一并永久与实体或其部分有
关的稳定代码确保这一点。

5.6 虚拟国际规范文档

虚拟国际规范文档（VIAF)① 由美国国会图书馆、德国国家图书馆、
法国国家图书馆于 2003 年 8 月 6 日启动，联机计算机图书馆中心
（OCLC）负责操作，目前拥有全世界大约 30 个国家的 40 多个机构制作的
数据。其目标是通过开发匹配算法，实现参与项目的国家书目机构制作的
规范数据的自动连接，并通过全球免费的规范控制服务提供获取。虚拟国

---

① 见：https：//viaf.org.

际规范文档使用单一的界面，允许用户可以用自己的语言和文字进行规范记录的虚拟查询。名称的变异形式（如语言学上、图形方式、元素顺序等的不同）可以在同一个记录中共存而没有任何冲突，因为它们中没有被声称为绝对的形式。这就保证了对每个国家及其每个书目机构的语言多样性的尊重；图书馆和书目机构可以根据其语言和文字以及根据其自身的文化传统（最重要的）选择名称的首选形式。

　　例如，我们考虑一下 Herman Melville（赫尔曼·梅尔维尔）这个名称的查询。该个人与虚拟国际规范文档标识符（VIAF ID）关联，并链接了各种名称形式①：

VIAF ID:27068555(Personal)

Permalink:http://viaf. org/viaf/27068555

Melville,Herman,1819-1891

Melville,Herman

Herman Melville

…

Мелвилл,Г. Герман 1819-1891

…

还有孔子的例子：

VIAF ID:89664672(Personal)

Permalink:http://viaf. org/viaf/89664672

Confucius

Confucius,0551?-0479?av. J. -C.

공자(孔子)B. C. 551-B. C. 479

---

①　[译者注] 原文还有希伯来语和阿拉伯语的例子，因为不同方向的文字显示有难度，英文原版也没有显示正确，译者就删除了这些例子。另外，译者在后面加上了"孔子"的例子（也不包括这些文字的数据），查询时间为 2024 年 4 月 22 日。

Kong, Qiu v551-v479

Confucius, 551-479 v. Chr.

孔子

Kongzi

Confuci, aproximadament 551 aC-479 aC

Confúcio

Confucius(551-479 p. n. e.).

Kongzi 552-479 F. kr.

Konfucius, 551-479 f. Kr

Konfūcijs, 551-479 p. m. ē.

Конфуций

(周)孔丘

Confucio, 551-479?a. C.

Konfucius, 552 př. Kr. -479 př. Kr.

Konfúsíus, 551-479 f. Kr.

Konfucjusz(551-479 p. n. e.)

Confucius, 551-479 a. C.

Kong Fuzi, u. 551-479 e. Kr.

Konfuzius 551-479 a. C.

Kong, Qiu(Confucius)

Kung, Fu-tse

Confucius(Chinese philosopher, 551-479 BCE)

Kong-Fou-Tse, 551-479 a. C.

Kung-tse, 551-479 a. C.

Hsianshiu, Kung

74 虚拟国际规范文档以个人名称的规范记录为起点，如今也包括地理名称、机构名称、作品和内容表达的规范记录。其涉及范围的扩大可以归因于影响目录的所谓 FRBR（书目记录的功能需求）化。原来的规范数据，因不同业界的互相关联而得到增强并更为可靠，从书目描述的简单检索点进化为在语义网中具有无限复用可能性的带有标识符的稳定数据。

规范数据的共享，推动了通过对比而实现的数据增强、国际层面上的规范控制简化、编目成本的降低（分布式编目），以及不同语言和不同文字规范数据的可获得性。如上所述，因为已经有了开放许可，最终使用者（主要是图书馆员）可以免费复用虚拟国际规范文档的数据。数据以一系列输出格式呈现，可以被图书馆界内外使用和存取。作为图书馆界的工具，虚拟国际规范文档可以有新的机会向其国际性参与成员和贡献者披露数据。这对基于出处评价数据的工作来说特别重要，这样就可以使得各个项目参与者能发挥并改进自己的特长领域。图书馆和文化机构对于自己所管理的专门收藏相关的身份有着独一无二的了解，也有对其领域身份非常了解的专家。这就是为什么规范数据的责任没有也不应该完全集中在国家图书馆的手中。

虚拟国际规范文档包括许多变异形式，但是对于机器而言，对于目录管理软件而言，重要的是虚拟国际规范文档标识符（VIAF ID），这个标识符把名称的所有形式都链接了起来。用当代规范控制的观点来说，整个聚类都在控制中，也就是说，所有都是名称的变异形式。对于一个特定环境中的计算机显示结果而言，名称的形式，也就是这个环境下名称的首选形式，选自一个实体为人所知的名称的所有变异形式的集合。这就是一个语言和文化背景下的规范（即规范控制）检索点。所以，名称的形式可以在为日语读者提供的目录中，与在为俄语、中文、克罗地亚语或意大利语读者提供的目录中有所不同。因此，标识符的作用是"让机器理解""Leonardo, da Vinci, 1452–1519"（达·芬奇）是与虚拟国际规范文档中限定为"VIAF ID：24604287"（个人）的那个为同一个个人实体。虚拟国际规范文档的结构如下：

VIAF ID：24604287 （Personal）.

Permalink：http：//viaf. org/viaf/24604287.

75　永久链接（Permalink），也称为 permanent link，是一种统一资源定位符（URL），在这里指达·芬奇（Leonardo da Vinci，1452 – 1519）这个个人实体。生卒日期是检索点的限定语，并形成检索点的部分。

5.7　国际标准名称标识符

国际标准名称标识符（ISNI）① 是国际标准化组织（ISO）出版于 2012 年 3 月的国际标准（ISO 27729：2012）。这是唯一识别人和组织公开身份的一种方法。它通过批处理或者个别请求方式，创建与内容创作有关的实体名称的永久的数值标识符，这些实体包括著者、作曲者、出版者、印刷者、研究者、发明者、艺术家、音乐家、演员等。在如今的环境下，国际标准名称标识符是有效的工具，可以在横跨整个出版生产链的不同数据库内帮助区分同音异义词、名称变异形式以及作品和相应著者的关系。该标准定义了如下三个实体：

- 参与者：一个真实的实体，即个人、组织、虚构人物。
- 公开身份：该参与者为人所知的名称。
- 名称。

每个公开身份与一个国际标准名称标识符相关。参与者可以有多个名称和多个名称形式、交替拼写方式和交替文字、语言变体和音译变体。例

---

① 见：https：//isni. org. ［译者注］国内也有人翻译成"国际标准名称识别码"，本译文参考了修改采用该国际标准的中华人民共和国国家标准 GB/T 42713—2023《信息与文献 参与者名称标识符》中的术语，原文"part"应为"party"（参与者），译者也与原著者联系并确认。

如，检索"Thomas Stearns Eliot"（托马斯·斯特恩斯·艾略特）会产生
如下结果，包括和该个人有关的国际标准名称标识符以及名称的变异
形式：

ISNI 0000 0001 2133 9888

Eliot（T. S.）

Eliot（T. S.；1888 – 1965）

Eliot，T. S.（British poet，1888 – 1965）

Eliot，T. S.（former owner）

Eliot，T. S.（Thomas Stearns）

Eliot，Th. S.

Eliot，Thomas S.

Eliot，Thomas Stearn

Eliot，Thomas Stearnes

Eliot（Thomas Stearns）

……

国际标准名称标识符由 16 个字符组成，最后一个是控制字符（一个
十进制数字或字符"X"）。它具有万维网上标识符所要求的所有特征，即
唯一、持久、可复用。国际标准名称标识符的分配基于元数据，而元数据
则由不同的贡献者提供给系统，他们包括版权管理公司、图书馆、出版者
和发行者。

国际标准名称标识符被设计作为一种"桥梁"标识符，可以使不同
的信息共享者交换关于一个实体的信息，而不必披露保密信息。确实，它
只保留区分并澄清公开实体所必要的元数据的最小集合。这些参与者，其
公开身份之间的链接，只当关系符合意愿时才予以确定。不然，这些身份
就不能创建，以保护隐私。其他信息依然在数据库中得到保护，提供有条
件的存取。

76

　　国际标准名称标识细化了其匹配算法，从而使得实体的标识更为可靠。仅当一个公开身份至少有三种与该个人相关的作品时，才会被分配一个国际标准名称标识符。从一开始，系统就赋予数据提供者不同的权重（分数），这主要基于他们的信息来源和直接与被标识实体的相关程度。对于直接从与那些身份接近的个人或组织那里获得数据的贡献者，会被赋予最高的可靠级别。国际标准名称标识符也独立于语言、领域和地理区域。它具有互操作性，这是因为其功能的基本部分是映射其他标识符（标准的标识符或专有的标识符）（Armitage et al.，2020）。

6　交换格式和著录标准：MARC 和 ISBD

正如麦克尔·戈尔曼在许多场合所述（Gorman，2003），MARC 和 ISBD 是同一枚硬币的两面：一面是技术的，一面是书目的。MARC 于 20 世纪 60 年代初被美国国会图书馆设计出来，而 ISBD 则是 20 世纪 60 年代末在国际图联的环境下被构想出来（Guerrini and Possemato，2015）。让我们对他们各自情况作一个回顾。

6.1　MARC，UNIMARC，MARC21

MARC 是机器可读格式，用于书目数据的记录和交换。20 世纪 60 年代初，美国国会图书馆决定将其卡片目录转换成电子目录，也开创了以数字格式传播数据的可能性。1964 年，亨利埃特·阿弗拉姆（Henriette Avram）所协调的一个团队被要求起草一个机读记录的方案。这个倡议促成了 MARC 试点项目（MARC Pilot Project）——由 16 个各种类型的图书馆一起参与创建和发布数字书目数据，并评估美国国会图书馆所制作数据的可行使用方案（Library of Congress，Information Systems Office，1968）。这个实验导致了 MARC I 这个格式的出现，它总体上包含了现有格式的一些特征。此后，这项工作继续开展，并与英国国家图书馆合作，于 1968 年推出了 MARC II 格式，这就成为以后格式的样板。

20 世纪 70 年代，随着图书馆自动化的普及，MARC 传播得很快。美国试图统一各种格式，从而创建了 USMARC 书目数据格式（USMARC Format for Bibliographic Data）。然而，若干国家级和国际性的格式变体也出现了，如法国和比利时的 INTERMARC（后来在法国被 UNIMARC 取代）、加拿大的 CANMARC、英国的 UKMARC、意大利的 ANNAMARC、俄罗斯的 RUSMARC。1999 年，MARC21 正式出版，这是美国国会图书馆、英国国家图书馆和加拿大国家图书馆协作的产物，目前由美国国会图书馆维护。

78　机读目录非常重要，因为它仍然可以管理高度形式化的数据，并被全世界大多数图书馆所使用。

1973 年，传输 MARC 的总体结构成为国际标准 ISO 2709。符合 ISO 2709 的记录由以下三部分组成：

（1）第一部分被称为头标，以代码形式包括了记录处理的一般数据；

（2）第二部分被称为目录，提供其包含所有字段的索引；

（3）第三部分是作为记录部分的所有字段。

MARC 记录的结构由字段、子字段、字段号和指示符组成。

字段是题名、责任说明和主题串等为书目著录提供检索点的特定数据储存的地方。每个字段都可以被分为子字段，他们包含字段的特定部分，如正题名、其他题名信息（题名的其余部分）和责任说明。每一个字段都有一个有关的三字符串，即标识它的字段号。如字段号"245"，它在 MARC21 格式中标记与资源的题名和知识责任相关联的数据。字段号后随两个元素被称为指示符，说明、解释并集成该字段录入的数据。例如，字段号"245"的第二指示符表示题名开始的首冠词或者其他非排序字符的数量。

有一些 MARC 字段号是互相关联的，取决于它们所标识的字段所记录数据的类型。MARC21 通过字段号的第一个字符按类型组织这些字段。

OXX 控制信息、数字和代码

1XX 主要款目

2XX 题名和题名段（题名、版本、出版项）

3XX 载体形态等

4XX 丛编说明

5XX 附注

6XX 主题检索字段

7XX 主题或丛编以外的附加款目、连接字段

8XX 丛编附加款目、地点和交替图形

9XX 本地实施保留字段（可以用于在记录中添加其他类型的信息）

（Avram，1975）

所有子字段都用两个字符以编码形式表示，一个小写字母或一个数 **79**字，前置一个标识符，如 $ a。这个标识符实际上是 ISO 646 国际标准中的十进制字符"31"，但在使用 MARC 的不同软件中显示方式也不同（"$""丨"等）。值得一提的是，MARC 是在计算机之间的一种交换格式，而且书目管理软件所呈现的 MARC 记录（不管是输入还是显示阶段）都针对人对信息的理解。没有人能轻而易举地直接使用 ISO 2709格式本身进行工作。

世界机读编目（UNIMARC）是国际图联于 1977 年提出的一种MARC 格式。起初，UNIMARC 是设想作为一种不同国家的 MARC 格式之间的中介格式。根据这个愿景，国家书目机构如果想要与其他机构交换记录，只需要两个程序：一个是 UNIMARC 的输出程序；还有一个是 UNIMARC 的输入程序。UNIMARC 曾经（目前依然）被用作许多国家的本地 MARC 格式。

UNIMARC 格式在其刚发布的时候，就显现出三个方面的创新。其一，记录内字段的功能性组织（字段号的功能块）。例如，在 UNIMARC 中，所有与知识责任相关的检索点都被分组在 "7" 开头的字段号。其二，提供了不同记录之间链接的功能字段块（4XX 块）。其三，《国际标准书目著录》（ISBD）所期望的颗粒度和 UNIMARC 著录功能块（2XX）的字段（ISBD 项）和子字段（ISBD 单元）之间的一一对应。UNIMARC 记录不包括 ISBD 标点，因为约定的标点可以通过 UNIMARC 编码创建。这与 MARC21 形成对比，后者包括字段和子字段号，也有必要的标点。

除了书目记录格式以外，UNIMARC 和 MARC21 还允许创建规范控制信息交换记录（UNIMARC 规范格式、MARC21 规范格式）和与馆藏信息有关的信息交换记录（UNIMARC 馆藏格式、MARC21 馆藏格式）。

国际标准化组织管理 MARC 格式的标准化信息结构是 ISO 2709 格式。这个结构基于头标、目录和数据字段，迄今仍被一些系统所使用。然而，自从可扩展标记语言（XML）出现以后，MARC 格式也可以用 XML 句法交换。目前已经有专用软件，可以将现有的记录从 MARC21 格式自动转换成 MARCXML 格式。还有，2008 年的国际标准 ISO 25577 建立了 MARC 记录创建的规则，它用 XML 标记取代 ISO 2709 标记来记录和呈现数据，具有同样的颗粒度和语义。

2002 年，《图书馆杂志》（*Library Journal*）的 "数字图书馆"（Digital Libraries）栏目发表了一篇罗伊·腾能特（Roy Tennant）的文章《机读目录必须死亡》（"MARC Must Die"）。该文认为 MARC 过于严格，缺少颗粒度，是过时的格式。MARC 维护者们以嘲讽的态度看待这篇文章，并认为它还带来了好运，使得 MARC 至今还 "活得很好"。甚至作者腾能特自己也在其他地方承认：

　　……大家都知道其向着某个更有效的东西转变。MARC 已经在半个多世纪内容纳并传递了结构化书目信息，为图书馆界提供了交换模式（在档案等其他领域偏少一些）。对于这种在

80

完全不同于现今环境下设计的用于记录和交换书目数据的格式
来说，其长寿已经是值得称道的了。

(Tennant，2002；2017)

书目数据依然是 MARC 所强加的统一的面向记录的结构，而要转变
成新的面向实体的方法会很难实施。这不仅要求将全世界数百万条数据进
行转换①，而且还要求有新的管理系统的配置、新的交换方法论及新的信
息管理方法（最重要的），考虑到技术基础设施，其所需投资就非常可
观了。

MARC 的有用性受到了图书馆的欢迎，特别是受到编目系统提供者的
欢迎。它铺平了一系列合作和交换活动（其中第一个就是在不同服务层
次上的套录编目）的道路，其目的就是尽可能避免从头开始编目资源。

多年来，MARC 格式（包括各种形式）的引入要求并强加了系统改
造和图书馆员培训方面的巨大投入。充分调动的结果就是保证了这个格式
的长寿，虽然这些工作还出现一些明显的误解，如"不按 AACR2 等规则
编目而按 MARC 编目"②，以及与其他机构用 MARC 格式交换信息等③。

MARC 格式及其一些特定变体（一是 MARC21，二是 UNIMARC）之
所以长寿，是因为有一个大型行业的活动使其得到提升，而这个行业又见
证了其不断进化成一个超级专业化和超级细化的数据结构化格式。

书目框架（BIBFRAME）有意取代 MARC，但是目前尚未达到同样的成
熟度。所以，MARC 还需继续发挥作用和功能。例如，美国国会图书馆仍然
对 MARC 定期更新，使其与书目框架的成长和传播所要求的投入相对应。

81

---

① 尽管 MARC 元数据可被转换成关联数据，但是许多人为推断的关系在新环境中
无法表示。这是功能性的，但不完全。图书馆的日常工作，使得他们以后要转换并增强
为关联数据的 MARC 数据积压得越来越多（Schreur，2018）。

② ［译者注］因为编目规则是内容的规则，而 MARC 格式则是计算机储存的格式，
不能相提并论。

③ ［译者注］前面已经提到，MARC 主要用于图书馆界的数据交换，而其他领域
（如博物馆、档案馆）不使用这种格式。

6.2　书目框架

数百万条①记录用 MARC21 结构化，还有一些用 UNIMARC 格式（数量少很多）。然而，近 20 多年来，人们发现在记录记忆机构所制作的数据与语义网实施的技术和技术改造的需求之间存在鸿沟。记录被结构化的样子被证明不适合于万维网。另外，MARC 格式只用于图书馆界内部，不可能与外界（如档案馆和博物馆）交换。而数据共享（互操作性）是语义网的要求之一。

为推动在图书馆环境中的根本性转变，美国国会图书馆于 2008 年出版《记录在案》（*On the Record*），这标志着书目框架过渡倡议（Bibliographic Framework Transition Initiative）的启动。该出版物建议利益相关行业联合行动，发展一个支持书目数据的框架。

2010 年，联机计算机图书馆中心（OCLC）出版了另一个重要文献《创建可共享元数据的最佳实践》（*Best Practices for Creating Sharable Metadata*），2022 年 8 月 16 日最后一次更新。该文献试图确定最频繁使用的 MARC 字段，以便在未来的元数据方案中复用。

2011 年，书目框架倡议（Bibliographic Framework Initiative）宣布，这个更适合于语义网的格式要替代 MARC 格式。该倡议旨在将图书馆生成的数百万条 MARC 记录复用到语义网的环境中，便于数据汇聚于更新的和更细颗粒度的架构中。2012 年 11 月 21 日，美国国会图书馆发布了《作为数据网络的书目框架：关联数据模型和支持服务》（*Bibliographic*

---

① ［译者注］"数百万"应该是一个虚词，实际上书目数据是海量的，有数千万甚至更多。例如，中国国家图书馆用 CNMARC（基于 UNIMARC）编目的中文数据就超过 1000 万，OCLC 的 WorldCat 数据库里就有 548338915 条书目数据（截止到 2023 年 9 月）。见：Inside WorldCat［EB/OL］.［2024 - 04 - 22］. https：//www.oclc.org/en/worldcat/inside - worldcat.html.

Framework as a Web of Data : Linked Data Model and Supporting Services）
（BIBFRAME），这是一个关于新资源类型、关于目录的功能、关于
MARC 格式相关性和关于编目标准的讨论结果。这是指引出一个新图书
馆环境（一个新书目生态系统）路线图的第一步。它既可以被定义为数
据模型，也可以被定义为本体，其目标是：

（1）更高层次的数据标识和分析。

（2）更多关注受控词表。

（3）与目前的编目规则相比更多地使用术语。

（4）重视关系。

（5）更大的灵活性和更多地使用受控款目。

（6）书目数据被转换成关联数据，被视为：①进化而不是革命；②图
书馆界内开展比较和讨论的基础。

（7）用万维网作为表现和连接数据的模型。

（8）用统一资源标识符（URI）这个有效的工具来标识实体、属性和
关系。

（9）可在图书馆界之外采用。

书目框架定义了一个总体指南，包括：

（1）期望下一代的图书馆集成系统将会是面向基于资源的架构，其
中编目的对象将会是个别数据元素，而不是整个记录。

（2）每个资源都可能被链接到其他资源。

（3）编目员有机会从网络获得并复用数据，从而避免创建新对象。

（4）使用受控词并存取网络上的术语列表和词汇表，如开放元数据
注册（Open Metadata Registry）和美国国会图书馆的关联数据服
务（id. loc. gov）。

（5）有可能在系统设置的层面定义统一资源标识符的创建功能，从
而保证每一种新的资源都能自动通过统一资源标识符而得到
完善。

（6）从传统编目环境到由关联数据组成的新系统的切换（涉及美国国会图书馆以及许多国家的国家图书馆和书目机构），也要求每一个创建和传播书目数据者的深入反思①。

书目框架数据模型在类别和性质方面一直在持续更新，特别是关于MARC21 的转换方面更是如此②。书目框架数据模型第一版被称为 1.0版，此后于 2016 年发布了 2.0 版，如图 6 - 1 所示，标识了三个主要的类，可以复分成子类：

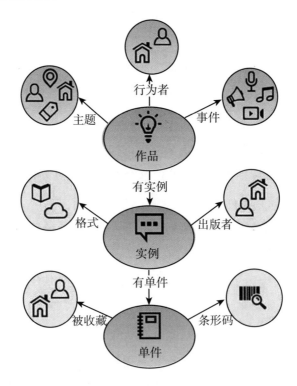

图 6 - 1　书目框架数据模型

---

①　Library of Congress（2012）：该文件和模型由美国国会图书馆与泽菲拉（Zepheira）公司签约团队完成，团队成员包括 Eric Miller, Uche Ogbuji, Victoria Mueller and Kathy MacDougall。其他文献见：McCallum S.（2017）；Bigelow and Samples（2020）。

②　更新于 2021 年 10 月 21 日。

- 作品：最高的抽象层次。作品反映了被编目资源的概念本质，即著 **83**
  者、语言和其所关于的事物（主题）。
- 实例：作品的物质体现，如一个特定的出版形式。实例可以反映诸
  如出版者、出版地和出版日期及格式等信息。
- 单件：实例的一个复本（物理形式的或电子形式）。单件有诸如位
  置和库存号之类的信息。

此外，书目框架进一步定义了一些与核心类有关系的关键概念，
例如：

- 行为者：行为者是人、组织、行政辖区等。他们通过诸如著者、编
  者、艺术家、摄影者、作曲者、插图者等角色与作品或实例相关。
- 主题：作品可以"关于"被定义为作品"主题"的一个或多个概
  念。这些概念包括论题、地点、时间表达、事件、作品、实例、单
  件、行为者等。
- 事件：发生的事情，其记录可能是作品的内容。例如，会议文集，
  其中会议就是事件。

继书目框架 2.0 版的发展以来，一个雄心勃勃的试点项目开始了。它 **84**
由两个阶段组成：第一阶段是 MARC 记录向书目框架的转换；第二阶段
则是借助于描述输入工具直接创建书目框架的记录。这一工具是完全创新
的：超越了传统的 MARC 记录方法，变成用 RDA 指南的术语来表示，借
助于一个属性和关系的集合定义，从而真正构建实体。RDA 与书目框架
本体的这个一体化，使得我们有可能描绘一个书目数据管理的新方法，并
发展出以实体构建为中心的元数据愿景。

2022 年夏季，美国国会图书馆设立了 LC MARVA 这个员工录入/更新
界面，用于通过直观的界面（而不是数据的 RDF 显示）来创建或更新书
目框架。MARVA 取代了之前原型测试所用的书目框架数据编辑器
（BFE）。书目框架编辑器是在 2021 年 11 月被更名为马尔瓦（MARVA）

的，实际上就是为纪念亨利埃特·阿弗拉姆①（Henriette Avram）而用她姓氏的倒序拼写。

6.3 《国际标准书目著录》

《国际标准书目著录》（ISBD）是第一个在国际层面上共享的书目标准。它是编目历史上最有影响并最持久的典范。其目标是标识基本著录数据；其第一步是辨识单一著录单元的逻辑功能；它们被统一重新装配于事先确定的著录项中，还依据了它们在信息源上的形式。标识符（标点）和约定符号以标识代码的形式置于著录单元前。这个标准在国际层面上大大推进了著录工作之间的协调，并在编目员之间建立了共同的思维模式（Gorman，2014）。在没有自己标准或者没有适当著录标准的国家，该标准被直接应用。自从 20 世纪 70 年代和 80 年代以来，全世界的国家书目和几乎所有的图书馆目录都是使用（并继续使用）《国际标准书目著录》的规定编纂而成的。只是到 21 世纪 20 年代以后，有一些国家书目和一些图书馆目录放弃了它而采用其他标准。

著录的形式化和约定可以上溯到 19 世纪，图书馆将自己置身于包括集体编目的书目系统中心，并开始尝试相关工作（Biagetti，2001）。从 1853 年朱伊特著作中的规则开始形式化，并且在 1946 年《亨克勒报告》（*Henkle Report*）（Library of Congress，Director of the Processing Department，1946）和 1949 年美国国会图书馆的《描述性编目规则》（*Rules for Descriptive Cataloging*）（Library of Congress，Descriptive Cataloging Division，1949）中得到了强调。到 20 世纪 60 年代末 70 年代初，《国际标准书目著

---

① ［译者注］亨利埃特·阿弗拉姆，于 1919 年出生于美国纽约曼哈顿，在乔治·华盛顿大学学习数学，而后从事编程相关工作，1965 年进入美国国会图书馆做系统分析员。她于 1968 年完成 MARC 格式项目，被公认为 "MARC 之母"。阿弗拉姆于 2006 年去世。参见：Henriette Avram［EB/OL］.［2025 – 02 – 11］. https：//www. newworldencyclopedia. org/ entry/Henriette_Avram.

录》的创建，形成了清晰明确且世界范围内通行的著录形式。

1969 年，在哥本哈根举行的由国际图联发起的国际编目专家会议（International Meeting of Cataloguing Experts，IMCE）上，与会人员决定发展一套统一的书目著录模型。大家要求麦克尔·戈尔曼（Michael Gorman）在阿科斯·多曼诺夫斯基（Akos Domanovszky）的协助下分析 8 个主要负责国家书目的书目机构和美国国会图书馆（作为美国的国家书目机构）的绩效。1971 年，一个预备的标准出现，这就是《标准书目著录（用于单卷和多卷单行出版物）》［*Standard Bibliographic Description（for Single Volume and Multi-Volume Monographic Publications）*，SBD］，这是一个 32 页的机械复制的打字稿。1973 年，SBD 变为 ISBD，形容词"国际"（*International*）加到前面，首字母 I 成为缩写的第一个字母。ISBD 被许多国家的编目委员会参考，用于起草本国的著录标准。

1974 年，国际图联编目委员会（IFLA Committee on Cataloguing）出版了《单行出版物国际标准书目著录》①［*International Standard Bibliographic Description for Monographic Publications*，ISBD（M）］第一标准版（*First Standard Edition*）。根据这个标准，所选的著录单元在一个事先定义好的约定方案中呈现（或整合），被分为 7 个项，同类数据都归入同一个著录项。这个约定被称为格式，这个词是从计算机语言借用来或者重新限定的。书目信息的规范化处理意味着数据从排版形式向编目语言的分析和转换。

在起草连续出版物的标准时，大家提出需要有一个总体方案，以供参照。1977 年，《国际标准书目著录（总则）》［ISBD（G）］出版，这是一个作为指南的手册，使得其他标准都与其一致，从而保证统一性。1977

---

① ［译者注］"单行出版物"原文为"monographic publications"，有时候被称为"monographs"，在中国曾被翻译为"专著"，容易引起歧义，也不符合英文单词的本意，而且对应的"monographic publications"如果被翻译成"专著性出版物"，就更令人不知所云。实际上，monograph 与 serial（连续出版物）是相对而言的，表示单次出版的出版物。在本人翻译的《国际标准书目著录》统一版的三个版本中，都用了"单行出版物"的说法。这个术语在近年的修订中已经不再使用。

年，若干 ISBD 的版本相继出版：ISBD（S）针对连续出版物、期刊、报纸、丛书的著录；ISBD（CM）针对地图资料①；ISBD（NBM）针对所谓的非书资料（录音、海报等）。所有的 ISBD 手册现在都结构化成为 8 个著录项。与第一个方案（手册）相比，增加了不同类型资源的特定项，并作为第 3 项，而之前的第 3 项成为第 4 项，以此类推。这些手册有同样的编号序列，并采用 ISBD（G）的术语。

86　　在 20 世纪 70 年代、80 年代和 90 年代，更多的 ISBD 手册和指南相继出现。1978 年，ISBD（M）更新版出版。1980 年，ISBD（A）编辑出版，针对 1801 年前（其他标准是 1830 年前）出版的古籍或古籍性质图书（即手工制作或采用延续传统手工印刷的方法制作的图书）的著录；同年也出版了用于印刷乐谱的 ISBD（PM）。1990 年，用于计算机文档的 ISBD（CF）发行，还有《国际标准书目著录应用于析出文献的著录的指南》（*Guidelines for the Application of the ISBDs to the Description of Component Part*）。后者是建议（比标准略差一些），用于分析记录的编制，即用于非自主形式（如一卷文集内或期刊的一期）出版的稿件的分析款目。在最初计划中，这个建议应该是标准，被命名为 ISBD（An）（分析）或者后来的 ISBD（CP）（析出文献）。经过若干草稿的传阅以后，国际图联选择了指南，因为分析记录被认为是一个特别的过程。1997 年，《电子资源国际标准书目著录》[*International Standard Bibliographic Description for Electronic Resources*，ISBD（ER）] 作为 ISBD（CF）的更新版出版了。值得注意的是题名的修改，也是新采集资源和新意识的结果。资源这个术语看上去表示一种特定的类别，即电子资源，用于包括所有类型的数字对象。21 世纪初，一个新成立的工作组起草用于手稿著录的标准，但这个目标被证明为不可行。

---

　　① ［译者注］"Cartographic material" 曾经被翻译为"测绘制图资料"，后经有关专家指正，改用"地图资料"这个译名。译者翻译的《国际标准书目著录》的最近几个版本，都用此译名。

　　然而，将手稿和其他非出版资源整合到 ISBD 的想法，最终在 2011 年更新版中得到了实现。

　　这些手册最初设想是由各工作委员会负责五年一次的更新（不考虑周期）。1987 年出版的修订版涉及普通图书［ISBD（M）］、地图［ISBD（CM）］、非书资料［ISBD（NBM）］；1988 年修订版涉及连续出版物［ISBD（S）］；1990 年修订版涉及印刷乐谱［ISBD（PM）］和计算机文档［ISBD（CF）］；1991 年修订版涉及古籍［ISBD（A）］。ISBD（A）里面删除了提及 1801 年前出版图书的部分，这表明手工制作比年代界定更重要。1992 年，总则［ISBD（G）］的修订版启动。

　　1992 年，国际图联编目组成立了书目记录的功能需求研究组［Study Group on the Functional Requirements for Bibliographic Records（FRBR）］，于是，ISBD 评估组就暂停了大多数更新。1998 年，FRBR 研究组出版了最终报告（*Final Report*），从而 ISBD 评估组也恢复了工作，开始修订标准文字，以保证标准的规定与 FRBR 对基本级国家书目记录的要求之间的一致性。2002 年，ISBD（S）成为《用于连续出版物和其他连续性资源的国际标准书目著录》［*International Standard Bibliographic Description for Serials and Other Continuing Resources*，ISBD（CR）］。ISBD（M）和 ISBD（G）的修订版分别发行于 2002 年和 2004 年。因为国际性维护过程的制约，而且适逢 ISBD 统一版也在进行中，所以 ISBD（CM）和 ISBD（ER）被暂停。2007 年，国际图联出版了《国际标准书目著录统一版》（*Consolidated ISBD*）的预备版（*Preliminary Edition*），这是 ISBD 家族的合并和更新的产物。于是在 2011 年，确定的 ISBD 统一版替代了之前所有的单独的 ISBD。

6.4 《国际标准书目著录》：统一版

　　与之前各个 ISBD 相比，ISBD 统一版包含了重大的创新，包括第 0

87

项，被称为"内容形式和媒介类型项"。第 0 项包括一般资料标识中的内容形式和媒介类型，这些单元经过 10 来年的讨论才被引入。文字还避免了冗余，说明哪些单元是必备的，阐述了著录的对象，关注多部分单行资源，考察了信息源以保证术语一致性，以及仔细考虑了非罗马文字的特点。它将第 5 项更名，以便实现对所有资源的一致描述。它把第 8 项更名为"资源标识符和获得方式项"（其中值得注意的是标识符）。最后，它还包括术语表中的一些新的定义。

多年担任 ISBD 评估组主席的埃莱娜·埃斯科拉诺·罗德里格斯（Elena Escolano Rodríguez）回忆了指导这项工作的目标和原则：

(1) 在有可能统一的情况下，ISBD 提供为著录所有类型出版资源所用的一致条款，并提供著录特定类型资源所需要的特定条款。

(2) ISBD 在全世界范围内对互相兼容的描述性编目进行规定，促进国家书目机构之间和整个国际图书馆和情报服务行业间（包括制作者和出版者）的国际书目记录交换。

(3) ISBD 容纳不同的著录级别，包括国家书目机构、国家图书馆和其他图书馆所需要的著录级别。

(4) 应该明确标识和选择一种资源所需要的著录单元。

(5) 重点考虑信息著录单元的集合，而不是考虑特定的自动化系统中所使用或显示的著录单元。

(6) 在制定规则时应考虑实践中的成本效益①。

88 6.5 《国际标准书目著录》：目的

ISBD 统一版的引言回顾了主要目的：ISBD 制定目的是要作为推行世

---

① http：//www.ifla.org/files/assets/cataloguing/isbd/isbd－cons_20110321.pdf，vii－viii．［译者注］详见国际标准书目著录（ISBD）（2011 年统一版之 2021 年更新版）［EB/OL］．［2024－04－17］．http：//eprints.rclis.org/44328/.

界书目控制的主要标准，也就是要以国际上可被接受的形式来使得所有国家的所有类型出版资源的基本书目数据普遍而迅速地被大家获得①。它提供了共享书目信息的统一准则，明确了形成一个著录结果的各种单元，规定了单元呈现的顺序和识别所需要的标识符。ISBD 的目标是：

(1) 使得不同来源的记录可互相交换，即使得一个国家制作的记录可以方便地被另一个国家的图书馆目录或其他书目接受；

(2) 帮助人们跨越语言障碍，对记录进行解释，即一种语言使用者制作的记录可以被另一种语言使用者理解；

(3) 帮助将书目记录转换成电子形式；

(4) 促进书目数据在语义网环境下的可移植性，以及 ISBD 与其他内容标准之间的可互操作性②。

ISBD 意味着记录架构的规范化，该架构被划分为以著录项进行组织的著录结构，而每一著录项规定了资源的内部和外部信息源（如一套激光唱片的容器）。这一明确的规定是该标准的一个重要优点。从非规定信息源推导出来的单元被置于方括号中，或被记录在附注项。模棱两可的信息（或被认为模棱两可的信息）后附一个必要的说明；如果必要，不准确信息要有所表示或予以更正，并用约定的符号表示操作（如方括号表示编目员个人附加的信息）。规范化或标准的著录并不随意重构资源上不存在的数据或者虽然存在但形式不准确的数据。

ISBD 统一版有 9 个著录项，其下还有具体的著录单元：

● 0 内容形式、制作过程和媒介类型项③

● 1 题名和责任说明项

---

① ［译者注］参见上面所引文献。

② ［译者注］详见：国际标准书目著录（ISBD）（2011 年统一版之 2021 年更新版）［EB/OL］. ［2024 - 04 - 17］. http：//eprints. rclis. org/44328/.

③ ［译者注］原文是"内容形式和媒介类型项"（Content form and media type area）。译者根据最新版作了调整。后面第 2 项也有类似调整。参见上面所引文献。

- 2 版本和草稿等项
- 3 资料或资源类型特殊项
- 4 出版、制作、发行等项
- 5 载体形态项

89
- 6 丛编和多部分单行资源项
- 7 附注项
- 8 资源标识号和获得方式项

总之，ISBD 确定：

- 每个著录项的信息源；
- 要选取的著录单元；
- 著录单元要被记录其中的著录项；
- 著录单元要被记录的顺序和方法。

2016 年以来，根据国际图联编目组的指示，ISBD 标准和书目模型（之前是《书目记录的功能需求》，现在是《国际图联图书馆参考模型》）直接归国际图联标准委员会（IFLA Committee on Standards）领导。同年，ISBD 关联数据研究组（ISBD Linked Data Study Group）出版了《国际标准书目著录作为关联数据的使用指南》（*Guidelines for Use of ISBD as Linked Data*）。该指南面向应用系统的开发者，使得图书馆能为语义网显示 ISBD 元数据。2011 年统一版出版后，于 2021 年进行了修订，成为《国际标准书目著录》（2011 年统一版之 2021 年更新版）（*ISBD：International Standard Bibliographic Description. 2021 Update to the 2011 Consolidated Edition*）。它有一些大的变化，如今包括了针对非出版资源的规定，例如，将地图资料的条款扩充，包括了天体图资源的信息，并增加了考虑处理出版物独立组成部分（析出资源）的有关条款。

大家认为有必要修订标准，这种呼声已经有一段时间了，甚至在 2011 年统一版出版前，ISBD 用户界就开始提出修改的建议。然而，新文本的准备工作没有马上开始，因为 ISBD 评估组还在同时做其他工作。此外，2011 年统一版与 FRBR 一致。2016 年，《国际图联图书馆参考模型》对 ISBD 的一致性和影响之分析的任务小组（Task Group for the Analysis of the Alignment and Impact of IFLA LRM to ISBD）成立，考虑需要做什么变动以使 ISBD 与新的《国际图联图书馆参考模型》（IFLA LRM）——这个在发展中的概念模型保持一致性。2017 年，ISBD 与 IFLA LRM 之间的映射关系出版，随后修订和更新版出版于 2018 年。然而，人们仍在继续研究这两者一致后带来的实际影响及将会对 ISBD 的现有结构带来什么影响（Escolano Rodriguez，2022）。

6.6　MARC 在中国①

在中国，图书馆编目所用的 MARC 主要是 CNMARC。中国国家图书馆和中国高等教育文献保障系统（CALIS）都用 MARC21 编目外文文献。

谈到 CNMARC 格式的起源，有两种解释：一种是在刚开始实行图书馆自动化的时候，大家都不了解 MARC，有人说 UNIMARC 是国际图联的标准，USMARC 是美国国会图书馆的标准，选择国际图联更好，于是就出现了基于 UNIMARC 的 CNMARC，没有想到后来 MARC21 更流行一些，而且不同的格式给数据交换带来很大的麻烦。

还有一种解释，因为美国国会图书馆开发的 USMARC / MARC21 是有版权的，中国人和他们谈版权很费劲，其中类似的案例有《西文文献著录条例》出现的背景，当时因为无法获得 AACR2 的版权，才迫使我们制定自己的条例。UNIMARC 是国际图联开发的，供公众免费使用，所以这是我们决定基于 UNIMARC 开发 CNMARC 的原因之一。据说学术界都比

---

① ［译者注］本节为译者增加的内容。参见：顾犇. UNIMARC 在中国以及《UNIMARC 手册：规范格式》中文版的出版［J］. 图书馆杂志，2014（10）：108 - 112. DOI：10. 13663/ j. cnki. lj. 2014. 10. 017.

较倾向后一种解释。

根据译者调研结果，中国的 CNMARC 以 UNIMARC 为基础的原因有如下几个：

第一，中国文献编目不采用主要款目的做法。在卡片时代，美国国会图书馆采用的做法是有一个主要款目的卡片，其他附加款目的卡片简略描述，最后都参见到主要款目的卡片。中国图书馆不仅不采用这种做法，还进一步简化。1958 年，北京大学图书馆的馆员们发明了一种画红线的方法，就是所有卡片都一样，没有特别的标目形式，只是在需要排检的项目下画红线，就起到了标目的作用。这样，比较突出主要款目标目的 USMARC（后来的 MARC21）就不太符合中国人的习惯了。而 UNIMARC 的字段顺序比较符合书目的逻辑顺序，自然更容易被中国人接受。

第二，美国权威观点。美国国会图书馆的 MARC 鼻祖阿弗拉姆（Henriette Avram）也是最初 UNIMARC 委员会的成员，她于 20 世纪 80 年代末访问中国，在研讨中也认为中国可以采用 UNIMARC。

第三，周边形势。日本比中国早采用 MARC 格式，其 JapanMARC 就基于 UNIMARC。

第四，国际形势。当时欧洲都用 UNIMARC 作为中间交换格式。其他用 USMARC 的国家没有完全采用 USMARC，都有改良措施，当时的 USMARC 也不是世界通行的格式标准。美国 OCLC 的王行仁先生也认为中国采用 UNIMARC 是没有问题的。

第五，USMARC 的内部缺陷。在 USMARC 设计之初，有不少缺陷。如缺少连接字段，内部有一些重复的地方造成处理困难。UNIMARC 产生的目的，一部分是为了解决 USMARC 的问题。

第六，美国国会图书馆的态度。译者查到的《国际图联杂志》（*IFLA Journal*）1985 年第 3 期的文章，谈到 UNIMARC 于 1977 年出版，1980 年第二版以后，美国国会图书馆宣布"实施"UNIMARC。不过这个"实施"有点标题党，只是承诺把其数据转换成 UNIMARC 格式。后来不知道什么时候，他们因为承受不起巨大成本，所以放弃了这个项目。这大概也是我们决定采用 UNIMARC 编制 CNMARC 的一个因素。

至于后来 USMARC 与其他几个国家的 MARC 格式统一，成为 MARC21，而且使用 MARC21 的国家越来越多，这则是另外一个话题了。其实，对于刚走出"文化大革命"阴影的中国图书馆界，一切百废待兴，与国际交流存在障碍，可以想象当时的专家要进行研究并做出决策有多么困难。

1991 年，北京图书馆自动化发展部编写并出版了《中国机读目录通讯格式》，当时叫 China MARC Format①。1996 年 2 月，国家图书馆以标准起草单位的名义发布了《中华人民共和国文化行业标准——中国机读目录格式》（WH/T 0503—96），1997 年 7 月开始实施。此后，文化部行业标准的起草人朱岩和潘太明分别编写了《中国机读目录格式使用手册》，并于 1995 年（华艺出版社）和 2001 年（科学技术文献出版社）出版。2000 年，国家图书馆全国图书馆联合编目中心编辑出版了《中文图书机读目录格式使用手册》②。2004 年，国家图书馆组织，以国家标准体例编写的《新版中国机读目录格式使用手册》出版。由国家图书馆和北京大学图书馆联合起草的国家标准《中国机读书目格式》（GB/T 33286—2016）于 2016 年 12 月 13 日发布，2017 年 4 月 1 日实施。

6.7 《国际标准书目著录》在中国③

在中国，ISBD 最早的汉语版本是中国科学院图书馆于 1980 年翻译出

---

① ［译者注］参见：北京图书馆自动化发展部. 中国机读目录通讯格式 = China MARC format［M］. 北京：书目文献出版社，1991.

② ［译者注］参见：全国图书馆联合编目中心，国家图书馆图书采选编目部. 中文图书机读目录格式使用手册［M］. 北京：华艺出版社，2000.

③ ［译者注］本节为译者增加的内容。参见：顾犇.《国际标准书目著录》统一版之更新版引发的思考［J］. 图书馆建设，2023（5）：4 – 7. DOI：10. 19764/j. cnki. tsgjs. 20230746.

版的铅印本《国际标准书目著录》（专著本）（毛卓明译、阎立中校），全书64页，依据1974年第一标准版译出。全国文献标准化技术委员会于1983年12月出版了油印本《国际标准书目著录（非书资料)》（胡广翔、潘双琴合译)。后来，ISBD的各个专门版本的中译本分别由不同的出版社出版，值得一提的是书目文献出版社出版的一些版本和华艺出版社出版的一个版本。华艺出版社2002年版《国际标准书目著录（ISBD)》包括了国际标准书目著录（总则）［ISBD（G)］、国际标准书目著录（连续出版物）［ISBD（S)］、国际标准书目著录（乐谱）［ISBD（PM)］、国际标准书目著录［古籍（善本)］［ISBD（A)］、国际标准书目著录（电子资源）［ISBD（ER)］，这应该是各个专门版本ISBD的最后一个中译本，分别由申晓娟和马静、吴龙涛和叶奋生、顾犇、周升恒翻译。

2007年8月，在统一版预备版（Preliminary Consolidated Edition）出版之际，译者有幸成为ISBD评估组（ISBD Review Group）的成员，开始参与ISBD的修订，有机会提出中国的意见，也及时把国际标准进展转达给中国同行。为了便于大家尽早了解ISBD统一版，推动中文编目的国际化进程，译者于2007年12月完成了统一版预备版的翻译工作，北京图书馆出版社2008年3月出版了这个版本。2011年7月，统一版的正式版出版，译者随之将其翻译成中文，并采纳了预备版中文版出版三年多以来各方面专家的意见，修改了若干术语，纠正了错误。国家图书馆出版社2012年4月出版了这个版本。

2023年，译者翻译了《国际标准书目著录》（2011年统一版之2021年更新版），5月在各种平台发布，并提交国际图联网站发布。

7 《资源描述与检索》

7.1 一些基础知识①

RDA（《资源描述与检索》，*Resource Description and Access*）是 AACR（《英美编目条例》，*Anglo-American Cataloguing Rules*）的负责人委员会（Committee of Principals）所推出的一套指南，而这个委员会就是推广、更新和出版《英美编目条例（第二版）》（*Anglo-American Cataloguing Rules 2nd Edition*，AACR2）的机构。2004 年，在《英美编目条例》修订联合指导委员会（Joint Steering Committee for Revision of AACR）的敦促下，《英美编目条例（第二版）》开始修订。之前，联合指导委员会已经尝试发展 1997 年在多伦多举行的世界主要编目专家的会议上提出的模型。然而在 2005 年，大家发现《英美编目条例（第二版）》已经过时，从而决定采用完全不同的方法，于是 RDA 的第一部分的草稿就在这个年底出版了。

之后的两年内，RDA 的其他部分相继出版。2008 年，新修订的 RDA 文本的第一个完整草稿完成，于 2009 年 6 月发布。2010 年 6 月，它被以散页卷的形式以及被称为"RDA 工具包"（*RDA Toolkit*）的联机版形式出

---

① ［译者注］本章原文就一节，即现 7.1 节。因译文扩充需要，译者增加了后续小节的内容、编号和小节标题。

版。2015 年 11 月 6 日，RDA 新的管理结构确立，即 RDA 指导委员会（RDA Steering Committee，RSC），它由 RDA 发展联合指导委员会［Joint Steering Committee for the Development of RDA（JSC）］和负责人委员会合并而成。RDA 指导委员会负责 RDA 项目及其更新出版，由来自美国国会图书馆、英国国家图书馆、加拿大图书馆和档案馆、澳大利亚国家图书馆、（英国）特许图书馆和信息从业人员协会及德国国家图书馆（Deutsche Nationalbibliothek）的代表组成。

自从 2013 年 3 月 31 日以来，RDA 被美国国会图书馆和许多其他美国图书馆，以及澳大利亚和欧洲图书馆所采用①。还有各种不同的翻译版本，如加泰罗尼亚语、芬兰语、法语、德语、意大利语（正在更新中）、挪威语和西班牙语，甚至一些其他语言的翻译版本也正在进行中②。

RDA 结合了 FRBR、FRAD、ICP 和现在的 IFLA LRM。RDA 表现为针对数字世界设计的一种描述和检索的国际标准。它超越了之前的编目规则，不再表现为一套标准，而是指南，持续发展并更新规定，便于灵活使用。

RDA 构成一种内容标准，而不是可视化标准。这表示，要明确区分针对内容（数据）和针对表现细节的条款。只要涉及数据制作的机构使用同样的标准和同样的受控参照词表，这就保证了不同技术背景的可应用性。

---

① ［译者注］中国国家图书馆也宣布采用 RDA 进行外文文献的编目。见：国家图书馆编目工作委员会. 国家图书馆外文文献资源 RDA 本地政策声明暨书目记录操作细则［M］. 北京：国家图书馆出版社，2017.

② ［译者注］作者遗漏了中文版。由中国专家联合翻译的 RDA 中文版于 2014 年 4 月出版。翻译组人员来自国家图书馆和中国高等教育文献保障系统（CALIS），专家审定委员会主任：王绍平、沈正华，成员：顾犇、胡小菁、林明、罗翀、沈正华、王静、王绍平、吴晓静；编辑组主编：罗翀，成员：齐东峰、赵丹丹。见：RDA 发展联合指导委员会. 资源描述与检索（RDA）［M］. RDA 翻译工作组，译. 北京：国家图书馆出版社，2014.

RDA 文本的第一版所呈现的结构明确区别了两个职能：识别实体和连接实体。开始是导言部分，随后的第一部分是关于记录实体的属性以标识实体，第二部分是记录实体之间的关系，最后是 13 个附录（A：大写，B：缩写，C：首冠词，D：记录描述数据的句法，等等）和术语表。文本没有提供资源的标准表示形式，是为了支持定制的和情景化的描述。这是要求呈现自由的结果，基于以用户为中心的原则——这个概念在阮冈纳赞的若干著作中就已经引入，并在《国际编目原则》（ICP）中得到重申。

"RDA 工具包"的第二版以及最后 RDA 文本的第二版于 2020 年 12 月被批准。在此之前，RDA 从 2018 年开始经历了长时间与 IFLA LRM 保持一致性的调整工作，这项工作也作为"RDA 工具包"改造和重新设计项目［RDA Toolkit Restructure and Redesign（3R）Project］的一部分。它与其之前使用和部署的明显不同，主要变化为：

- 从基于 FRBR 的结构到全新基于 IFLA LRM 的结构；
- 通过实体的导航来划分章节，并借助于特定的指南和编目政策。

此外，从第一版到第二版的过渡，RDA 在数据记录和资源描述的方式上也引入了一些变化。数据可以用四种方式注册：

- 通过一种复合的、非结构化的描述；
- 通过一种结构化的描述；
- 通过一个标识符；
- 通过国际化资源标识符（IRI）。

最后，特别支持语义网和关联开放数据的应用。指南第一版中的资源描述，提供了一套标识各种实体的基本元素；如果要作为符合标准的描述，它们在任何时候只要适用都必须出现。它们之所以被标识，基于它们能够：**93**

- 标识并选择一种载体表现；
- 标识包含在一种载体表现中的作品和内容表达；

- 标识作品的创作者；
- 查找与资源有关的个人、团体或家族。

例如，描述一种载体表现的基本元素是：

- 题名
  - 正题名
- 责任说明
  - 与正题名相关的责任说明（如果有多个，只要求记录第一个）
- 版本说明
  - 版本标识
  - 版本的命名修订的标识
- 连续出版物的编号
  - 序列的第一期或第一部分的数字和/或字母标识（针对第一个序列或仅有序列）
  - 序列的第一期或第一部分的年代标识（针对第一个序列或仅有序列）
  - 序列的最后一期或最后一部分的数字和/或字母标识（针对最后一个序列或仅有序列）
  - 序列的最后一期或最后一部分的年代标识（针对最后一个序列或仅有序列）
- 制作说明
  - 制作日期（对于非出版形式的资源）
- 出版说明
  - 出版地（如果有多个，只要求记录第一个）
  - 出版者名称（如果有多个，只要求记录第一个）
  - 出版日期
- 丛编说明

- 丛编的正题名
- 丛编内的编号
- 分丛编的正题名
- 分丛编内的编号
- 载体表现的标识符
  - 载体表现的标识符（如果有多个，适用时就首选国际认可的标识符）
- 载体类型
- 数量

94

"RDA 工具包"（*RDA Toolkit*）正式版修订者认识到，有一些元素必须出现在资源的描述中，并指出，它们的选择应该由制作描述的编目机构决定："关于基本描述元素的选取和记录元素基数的决定，应该由创建元数据的机构确定。这一决定应该记录在作为政策的工具包中，记录在机构发行的文件中，或者作为应用概述。"① 这一解决方案强调了尊重本地传统和实践的意愿，并给予应用概述（Application profile）以基本的角色，它成为编目（或者更确切说是元数据创建）的必不可少的工具，因为它们表示了著录（描述）中应包括哪些元素，区分必备的和可选的元素，并决定数据、转录规则和参照词表如何被记录。

RDA 被设计用于全球的环境，但是同时，它也是灵活的，包括了国家性的和本地性的选项，还有特定学科背景的选项。此外，它还显示出了面向整个记录记忆的书目世界的巨大开放性，不仅限于图书馆资源的描述，还转向关注所有种类的资源，包括那些储存在档案馆和博物馆中的资源。然而，这个基本方案仍然需要适当发展，因为 RDA 认识到，从读者的观点来看，不同机构所制作的数据应该可平等获取。所以，需要有共享

---

① 见：https：//access. rdatoolkit. org.

的标准，能制作公共的且开放的数据，使得不同来源的数据能最大限度地被获取和整合。

德国图书馆员雷娜特·贝仁斯（Renate Behrens）和奥地利图书馆员维蕾娜·沙夫纳（Verena Schaffner）总结了 RDA 作为标准的创新性特点：

（1）国际性，亦即基于共享的原则和模型；

（2）设计考虑到用户便利和效率；

（3）与所使用的技术无关，但适合于万维网应用；

（4）可以应用于任何类型的媒介，可用于制作任何类型资源的元数据；

（5）可以应用于所有文化机构，因为它不再只是关注书目资源。

（Behrens and Schaffner，2014）

RDA 保证了与 ISBD、MARC21 以及与 OCLC 创建的都柏林核心元数据集的兼容。为了促进互操作性，RDA 指导委员会还考虑了 ONIX 和出版社、档案馆、博物馆及语义网领域使用的元数据。

7.2 中国图书馆界的有关工作①

在中国，由于国际交流局限，《英美编目条例》中文翻译版直到 1998 年才正式出版，于是就有了以此为基础的《西文文献著录条例》，于 1985 年 8 月由中国图书馆学会组织编写并发布。它在规范西文文献著录方面发挥了极其重要的作用，使中国西文文献的著录与国际接轨，为共享西文文献书目数据奠定了基础。1986 年，叶奋生、吴龙涛翻译的《英美编目条例第二版简明本》（Concise AACR2）由中央国家机关和科学研究系统图书馆学会发布。

---

① 本节及以后为本书译者扩充内容。

　　1999 年 5 月，在国家图书馆召开的西文图书编目工作研讨会上，来自全国各地的代表一致认为，《西文文献著录条例》非常有必要进行修订，以适应当前西文文献编目工作的迫切需要，适应西文文献书目数据资源共享的需要，修订时应考虑计算机编目的特点并适当兼顾手工编目需要。同时，大家也希望国家图书馆能够负责组织此项工作。会后，经过一段时间的调研和准备，中国图书馆学会委托国家图书馆图书采选编目部负责组织《西文文献著录条例》的修订工作，由来自国家图书馆、北京大学图书馆、清华大学图书馆等单位并长期从事西文文献编目工作、具有丰富工作经验的同志们共同承担此项工作。该修订扩大版于 2003 年由科学技术文献出版社出版①。

　　1998 年，上海科学技术文献出版社出版了吴龙涛、叶奋生翻译、新译、补充《最新详解〈英美编目规则，第二版，1988 修订本〉》。2006年，北京图书馆出版社出版了吴龙涛、叶奋生、吴晓静翻译、解释、补充的《最新详解〈英美编目规则，第二版，2002 修订本〉》。

　　RDA 中文版出版以后，中国国家图书馆宣布用 RDA 进行外文资源的编目工作。

　　中国国家图书馆外文采编部于 2017 年 12 月收到（英国）特许图书馆和信息从业人员协会（CILIP）的来信，时任 RDA 理事会主席西蒙·伯尔内－爱德华兹（Simon Berney-Edwards）正式通知，中国国家图书馆被选为 RDA 亚洲地区国家机构代表（National Institution Representative），任期3 年（2018—2020 年）。译者于 2018 年 5 月 10—12 日参加了在英国伦敦举行的 RDA 理事会会议。

　　作为一个地区的国家机构代表，其不仅要在本国积极推动 RDA 的普及、深化 RDA 的本地化应用，更要在地区发挥桥梁和纽带作用，引领整

---

　　① ［译者注］见：中国图书馆学会《西文文献著录条例》修订组. 西文文献著录条例（修订扩大版）［M］. 北京：科学技术文献出版社，2003.

个地区的 RDA 实践活动，促进 RDA 领域的合作与交流。为了更好地履行国家机构代表的职责，尽快摸清 RDA 在亚洲各国的实施情况，中国国家图书馆于 2018 年 4 月在亚洲范围内以调查问卷的形式开展了有关 RDA 研究与实践情况的调研。使 RDA 理事会准确掌握了亚洲各国对 RDA 的态度和实施进展。

亚洲地区编目规则的国际化程度不是很高。中国国家图书馆的外文文献编目工作采用了 RDA，但是中文文献编目规则长期没有修订，也没有考虑与国际交流，这是大家都很关注的问题。

亚洲地区语言情况非常复杂，各国的姓名文化具有较大差异，亚洲不少国家采用姓在前、名在后的惯例，这与西方世界名在前、姓在后的习惯是截然不同的。如果要实施 RDA，个人名称检索点的创建就会比较复杂。此外，如中、日、韩所使用的图形字符与英美国家使用的拉丁字母完全不同。这种情况下，一些国家/地区会使用两套编目规则，一套用于西方语言的文献，另一套用于本国语言的文献。对本国语言的文献编目实施 RDA 并不容易，需要考虑的因素很多①。

前面提到，RDA 中文印刷版已经出版，这是在版权协议的基础上进行的。此后，RDA 以工具包的形式维护，不再出版印刷版，这给我们的翻译工作带来了困难。译者在参与 RDA 理事会工作期间，探讨了工具包中文版的可能性。但是，因为费用和其他相关法律问题，到具体操作阶段被搁浅了。

7.3 RDA 注册表

RDA 注册表（RDA Registry）包含 RDA 实体、元素和受控术语，它

---

① ［译者注］本段内容引自国家图书馆内部文件：《外文采编部关于 RDA 理事会国家机构代表的年度报告》（2020 年 4 月 16 日）。

们表现为资源描述框架（RDF）中 RDA 元素集（RDA Element Sets）和 RDA 取值词表（RDA Value Vocabularies）①。

RDA 元素集和 RDA 取值词表的设想开始于 2008 年，后经过多次尝试和讨论，于 2014 年正式在目前的网站以命名空间形式发布。这个操作性的版本后又经过 RDA 指导委员会的各种决定而进行修改，成为目前的样子。目前发布的词表按《国际图联图书馆参考模型》分成若干集合，而且还有一个不按照模型的非约束版，但其内在关系还是相同的。

RDA 是与网络架构兼容的元数据标准，完全可与语义网互操作，其元素集和发布的取值词表可以供语义网领域复用。RDA 注册表的进一步完善，也为其在语义网环境下的生存创造了条件。由于实体标签的不稳定性（如 USB 盘、闪存盘、拇指盘等 10 多种名称都先后表示同一个意思），需要有统一的资源标识符（URI），开始是基于英语的 URI，来管理资源描述框架元素集，从而避免了命名问题和笔误。

多语种的翻译是 RDA 注册表在世界范围更广泛应用的前提。因为工作量太大，不少语言只翻译了使用率比较高的术语词表的部分内容。截至 2024 年 6 月，有 17 种语言的译文，但是各个模块不齐全，语言最多的模块"作品性质"（Work properties），包括阿拉伯语、加泰罗尼亚语、丹麦语、荷兰语、英语、爱沙尼亚语、芬兰语、法语、德语、希腊语、匈牙利语、意大利语、拉脱维亚语、挪威语、西班牙语、瑞典语、越南语②；而"RDA/ONIX 框架元素集"（RDA/ONIX Framework element set）只有英语③。"RDA 元素集：非约束性质"（RDA element sets：Unconstrained

---

① ［译者注］本节内容见：About the RDA Registry and vocabularies ［EB/OL］. ［2024 - 05 - 12］. http：//www. rdaregistry. info/rgAbout/.

② ［译者注］见：RDA element sets：Work properties ［EB/OL］. ［2024 - 05 - 27］. http：//www. rdaregistry. info/Elements/w/.

③ ［译者注］见：RDA element sets：RDA/ONIX Framework element set ［EB/OL］. ［2024 - 05 - 23］. http：//www. rdaregistry. info/Elements/rof/.

properties）只有阿拉伯语、丹麦语、荷兰语、英语、芬兰语、德语等 6 种语言①。

　　RDA 注册表的中文版翻译启动较晚，到 2024 年夏季才全部完成，并于 7 月公开发布。中文版的翻译主要基于 2014 年出版的 RDA 的中文印刷版，并吸纳此后《国际标准书目著录》（2011 年统一版之 2021 年更新版）的术语和《国际图联图书馆参考模型》（IFLA LRM）中文版的术语，并经过仔细考证和推敲，作了一些修改②。

---

　　① ［译者注］见：RDA element sets : Unconstrained properties ［EB/OL］. ［2024 - 05 - 23］. http：//www. rdaregistry. info/Elements/u/.

　　② ［译者注］本节参见：顾犇. RDA 注册表——走向网络时代编目工作的基础 ［J］. 图书馆建设，2024（4）：4 - 8. DOI：10. 19764/j. cnki. tsgjs. 20241192.

关于编目"总体"［著录（描述）以及按著者和主题的检索］，仅卡特在 1876 年关于字典目录的《规则》中进行过讨论（Cutter，1876），即按著者和主题的单一检索序列进行组织。此后，这样的综合性规则不再被人们构想，"编目"一直只是指描述性编目，而主题编目或主题标引被单独处理（Foskett，1996）。阮冈纳赞苦口婆心论证，希望有一个更有用的一体化的基于主题的目录（Ranganathan，1964）。"描述性编目"这一表达是美国国会图书馆于 20 世纪 40 年代创造的说法，这是因为当时主题编目从其他流程中分离了出来。

多年来，主题标引一直遵循了自己的发展道路。其间，一直有不同观点的对抗，甚至有争论，主要是在基于字母顺序的词语主题检索（用词和短语的主题检索，传统上被称为"主题标目"）和根据书目分类体系组织的记号检索之间的争论。在学术界和公共图书馆，与科学、技术和管理资源及文献工作有关的特定部门和学科的情况和需求，要求或偏好不同的词语标引和系统标引（系统标引指使用分类系统记号的标引）的创建和发展。这些系统尊重文化和（特别是）语言差异，而这些差异对于语义领域而言比在描述性编目领域更为重要。这阻碍标引原则或规则达成一致意见。然而，也有一些例外，比较出名的有国际图联的《主题标目语言的原则》［*Principles Underlying Subject Heading Languages*（*SHLs*）］（Lopes and Beall，1999）和国际标准（叙词表标准 ISO 25964：2011—2013），还有统一代码的假设。在功能需求（FR）家族①、《国际图联图书馆参考模型》（IFLA LRM），《国际编目原则》（ICP）和 RDA 中涉及主题内容的方面，也遇到了类似的困难，需要实质性的形式，而不仅是一带而过。

98 　　如今，理论上的阐述在一些专门领域中达到了深度，而这些领域（如知识组织系统的检索）需要专业和学科技能，而不仅是图书馆知识。它们中有一些因其信息价值对资源表示和检索而言是功能性的。在全球的层面上，一些体系占主导地位，如分类法中的 DDC（《杜威十进分类法》）和 UDC（《国际十进分类法》）、用于词语主题的美国国会图书馆标题表（LCSH）② 及其用其他语言的衍生产品，还有各种各样应用于国家、地区或学科层面的标引语言。在这种情况下，迫切需要的是互操作，即使得同时可获得的数据库中所采用的不同标引工具之间可以互动的机会，因为它们没有遵从统一的系统、共享的原则和应用准则。检索的这个重要方面要求我们更细致地处理，这超出了本书的范围。

---

　　① ［译者注］这里"功能需求"家族，指前面第 3 章里提到的《书目记录的功能需求》《规范数据的功能需求》《主题规范数据的功能需求》系列概念模型。

　　② ［译者注］"美国国会图书馆标题表"（Library of Congress Subject Headings）也译为"美国国会图书馆主题词表"。

缩略语全称及译名

AACR　Anglo-American Cataloguing Rules
　　《英美编目条例》

AACR2　Anglo American Cataloguing Rules 2nd edition
　　《英美编目条例（第二版）》

AFSCME　American Federation of State，County and Municipal Employees
　　美国州、县、市雇员联合会

AIB　Associazione Italiana Biblioteche
　　意大利图书馆协会

ALA　American Library Association
　　美国图书馆协会

ANNAMARC　Automazione Nella NAzionale MARC
　　全国机读目录自动化

App　Application
　　应用程序

ARK　Archival Resource Key
　　档案资源键

BFE　BIBFRAME Editor
　　书目框架编辑器

BIBFRAME   Bibliographic Framework
书目框架

BnF   Bibliothèque nationale de France
法国国家图书馆

CANMARC   Canadian MARC
加拿大机读目录

CD   Compact Disc
激光唱片

CIDOC CRM   Comité International pour la DOCumentation - Conceptual
Reference Model
文献工作国际委员会概念参考模型

DCMI   Dublin Core Metadata Initiative
都柏林核心元数据倡议

DDC   Dewey Decimal Classification
《杜威十进分类法》

DOI   Digital Object Identifier
数字对象标识符

DVD   Digital Versatile Disc
数字多功能光盘

ELAG   European Library Automation Group
欧洲图书馆自动化小组

E-R   Entity-Relationship
实体—关系

FRAD   Functional Requirements for Authority Data
《规范数据的功能需求》

FRANAR   Functional Requirements and Numbering of Authority Records
《规范记录的功能需求和编号》

FRBR　Functional Requirements for Bibliographic Records
　　《书目记录的功能需求》

FRBRoo　FRBR-object oriented
　　《面向对象的书目记录的功能需求》

FR family　Functional Requirements family
　　功能需求家族

FRSAD　Functional Requirements for Subject Authority Data
　　《主题规范数据的功能需求》

GLAM　Galleries，Libraries，Archives and Museums
　　美术馆、图书馆、档案馆和博物馆

ICCP　International Conference on Cataloguing Principles
　　国际编目原则大会

ICCU　Istituto Centrale per il Catalogo Unico delle biblioteche italiane e per le informazioni bibliografiche
　　意大利图书馆联合目录和书目信息服务中心机构

ICP　International Cataloguing Principles
　　《国际编目原则》

ID　Identifier
　　身份标识符

IFLA　International Federation of Library Associations and Institutions
　　国际图书馆协会和机构联合会

IFLA LRM　IFLA Library Reference Model
　　《国际图联图书馆参考模型》

ILS　Integrated Library System
　　集成图书馆系统

IME ICC　IFLA Meetings of Experts on an International Cataloguing Code
　　国际图联国际编目规则专家会议

INTERMARC   MARC France
　　法国机读目录

IRI   Internationalised Resource Identifier
　　国际化资源标识符

ISADN   International Standard Authority Data Number
　　国际标准规范数据号

ISBD   International Standard Bibliographic Description
　　《国际标准书目著录》

ISBD（A）   ISBD for Older Monographic Publications（Antiquarian）
　　《古籍国际标准书目著录》

ISBD（An）   ISBD for Analysis
　　《分析国际标准书目著录》

ISBD（CF）   ISBD for Computer Files
　　《计算机文档国际标准书目著录》

ISBD（CM）   ISBD for Cartographic Materials
　　《地图资料国际标准书目著录》

ISBD（CP）   ISBD for Component Parts
　　《析出文献国际标准书目著录》

ISBD（CR）   ISBD for Serials and other Continuing Resources
　　《连续出版物和其他连续性资源国际标准书目著录》

ISBD（ER）   ISBD for Electronic Resources
　　《电子资源国际标准书目著录》

ISBD（G）   ISBD General
　　《国际标准书目著录总则》

ISBD（M）   ISBD for Monographic Publications
　　《单行出版物国际标准书目著录》

ISBD（NBM）   ISBD for Non-Book Materials
　　《非书资料国际标准书目著录》

ISBD（PM） ISBD for Printed Music

《印刷乐谱国际标准书目著录》

ISBD（S） ISBD for Serials

《连续出版物国际标准书目著录》

ISBN International Standard Book Number

国际标准书号

ISMN International Standard Music Number

国际标准乐谱号

ISNI International Standard Name Identifier

国际标准名称标识符

ISO International Organisation for Standardisation

国际标准化组织

ISRC International Standard Recording Code

国际标准录制品代码

ISSN International Standard Serial Number

国际标准连续出版物号

ISTC International Standard Text Code

国际标准文本代码

ISWC International Standard Musical Work Code

国际标准音乐作品代码

LCSH Library of Congress Subject Headings

国会图书馆标题表

LOD Linked Open Data

关联开放数据

MAB Musei, Archivi e Biblioteche

博物馆、档案馆和图书馆

MARC　MAchine Readable Cataloguing

机器可读编目（机读编目）①

MARCXML　MARC eXtensible Markup Language

机读目录可扩展标记语言

METS　Metadata Encoding and Transmission Standard

元数据编码和传输标准

NBN　National Bibliography Number

国家书目号

OCLC　Online Computer Library Center

联机计算机图书馆中心

ONIX　ONline Information eXchange

联机信息交换

OPAC　Online Public Access Catalogue

联机公共检索目录

ORCID　Open Researcher and Contributor ID

开放研究者和贡献者标识

PDF　Portable Document Format

便携文件格式

RDA　Resource Description and Access

《资源描述与检索》

RDA COP　RDA Committee of Principals

RDA 负责人委员会

RDF　Resource Description Framework

资源描述框架

---

① ［译者注］MARC 这个缩略语在业内使用很广泛，英文原意是"机读编目"，但在中国出版的文件和专著中，大多数写成"机读目录"，差不多已经约定俗成。本书中不少地方翻译为"机读目录"，望读者理解。

REICAT   Regole italiane di catalogazione

　　《意大利编目规则》

RICA   Regole italiane di catalogazione per autori

　　《意大利著者编目规则》

RSC   RDA Steering Committee

　　RDA 指导委员会

SBD   Standard Bibliographic Description

　　《标准书目著录》

SHLs   Subject Headings Languages

　　主题标目语言

UAP   Universal Availability of Publications

　　出版物世界可获得

UBC   Universal Bibliographic Control

　　世界书目控制

UBICIM   Universal Bibliographic Control and International MARC Programme

　　世界书目控制和国际机读目录项目

UCLA   University of California, Los Angeles

　　加利福尼亚大学洛杉矶分校

UDC   Universal Decimal Classification

　　《国际十进分类法》

UKMARC   United Kingdom MARC

　　英国机读目录

UNIMARC   Universal MAchine-Readable Cataloguing

　　世界机读目录

URI   Uniform Resource Identifier

　　统一资源标识符

URL　Uniform Resource Locator
统一资源定位符

USMARC　United States MARC
美国机读目录

VIAF　Virtual International Authority File
虚拟国际规范文档

VIAF ID　VIAF Identifier
虚拟国际规范文档标识符

W3C　World Wide Web Consortium
万维网联盟

WSDS　Web-Scale Discovery Services
网域资源发现服务

WWW　World Wide Web
万维网

XML　eXtensible Markup Language
可扩展标记语言

参考文献

本目录只罗列主要参考文献。关于历史概述，可以见：

Carpenter, M. and Svenonius, E. (eds) (1985) *Foundations of Cataloging*: *a sourcebook*, Libraries Unlimited.

Chan, L. M., Richmond, P. A. and Svenonius, E. (eds) (1985) *Theory of Subject Analysis*: *a sourcebook*, Libraries Unlimited.

关于一些问题的更新和讨论，可以见戈登·敦塞尔(Gordon Dunsire)的网站 www. gordondunsire. com/presentations. htm，以及《编目和分类季刊》(*Cataloging & Classification Quarterly*)的各期。

标准、书目模型、国际文献

BIBFRAME：https://www. loc. gov/bibframe.

FRAD：https://www. ifla. org/files/assets/cataloguing/frad/frad_2013. pdf.

FRBR：https://www. ifla. org/files/assets/cataloguing/frbr/frbr. pdf.

FRBRoo：https://www. ifla. org/files/assets/cataloguing/FRBRoo/frbroo_v_2. 4. pdf.

FRSAD：https://www. ifla. org/node/5849.

ICP 2009：https://www. ifla. org/files/assets/cataloguing/icp/icp_2009 – en. pdf.

ICP 2016：https://www. ifla. org/files/assets/cataloguing/icp/icp_2016 – en. pdf.

IFLA LRM：https://www. ifla. org/files/assets/cataloguing/frbr – lrm/ifla – lrm –

august – 2017_rev201712. pdf.

ISBD Consolidated Edition：https://www. ifla. org/files/assets/cataloguing/ isbd/isbd – cons_20110321. pdf.

ISBD Update 2021 to the 2011 Consolidated Edition：https：//repository. ifla. org/handle/123456789/1939.

ISO 5127：https://www. iso. org/standard/59743. html.

ISO 5963：https://www. iso. org/standard/12158. html.

Paris Principles：https://www. ifla. org/files/assets/cataloguing/IMEICC/ IMEICC1/statement_ principles_paris_1961. pdf.

RDA：https：//access. rdatoolkit. org.

REICAT：https://www. iccu. sbn. it/export/sites/iccu/documenti/2015/ REICAT – giugno2009. pdf.

其他参考文献

AIB Study Group on Cataloguing(1999)Observations on Functional Requirements for Bibliographic Records：final report, *Bollettino AIB*, **39**(3), 303 – 308.

Alemu, G. (2022) *The Future of Enriched, Linked, Open and Filtered Metadata：making sense of IFLA LRM, RDA, linked data and BIBFRAME*, Facet Publishing.

Aliverti, C. , Behrens, R. and Schaffner, V (2016) RDA in Germany, Austria, and German – speaking Switzerland：a new standard not only for libraries, *JLIS. it*, 7(2), 253 –278.

Anderson, D. (1974) *Universal Bibliographic Control：a long term policy, a plan for action*, Verlag Dokumentation.

Armitage, A. , Cuneo, M. J. , Quintana, I. and Carlson, Y K. (2020) ISNI and Traditional Authority Work, *JLIS. it*, **11**(1), 151 – 163.

Avram, H. D. (1975) *MARC：its history and implications*, Library of Congress.

Baca, M. (ed.) (2008) *Introduction to Metadata*, 2nd edn, Getty Research Institute.

Baker, T. (2013) Designing Data for the Open World of the Web, *JLIS. it*, **4** (1), 63 – 66.

Balsamo, L. (1989) Funzione e Utilizzazioni del Censimento dei Beni Librari, *Biblioteche Oggi*, **7**(1), 38.

Barberi, F. (1961) Repertorio Nazionale e Cataloghi di Cinquecentine, *Annali della Scuola Speciale per Archivisti e Bibliotecari dell'Universitd di Roma*, **1** (1), 212.

Bean, C. A. and Green, R. (eds) (2001) *Relationships in the Organization of Knowledge*, Kluwer Academic Publishers.

Behrens, R. and Schaffner, V. (2014) RDA. *The implementation in Germany, Austria and German – speaking Switzerland*. In *Faster, Smarter and Richer: reshaping the library catalogue*, International Conference, Rome (Italy), www. aib. it/attivita/convegni – e – seminari/fsr2014.

Bergamin, G. and Guerrini, M. (eds) with the assistance of Alpigiano, C. (2022) The Bibliographic Control in the Digital Ecosystem, *JLIS. it*, **13**(1), https: //jlis. fupress. net/index. php/jlis/issue/view/34/2. Also published in volume form by Associazione Italiana Biblioteche. (2022) Edizioni Universita di Macerata; Firenze University Press.

Berners-Lee, T. (1998) *What the Semantic Web can Represent*, https: //tinyurl. com/h7tjczap.

Berners-Lee, T. , Hendler, J. and Lassila, O. (2001) The Semantic Web. A new form of Web content that is meaningful to computers will unleash a revolution of new possibilities, *Scientific American*, https: //tinyurl. com/yckp8vwu.

Berners-Lee, T. , Shadbolt, N. and Hall, W (2006) The Semantic Web revisited, *IEEE Intelligent Systems*, **21**(3), 96 – 101.

Biagetti, T. (2001) *Teoria e Prassi della Catalogazione Nominale: i contributi di Panizzi, Jewett e Cutter*, Bulzoni.

Bianchini, C. (2005) *Riflessioni sull'Universo Bibliografico: funzioni, oggetti e modelli della catalogazione per autore e per titolo*, prefazione di Mauro Guerrini, Sylvestre Bonnard.

Bianchini, C. (2022) Intervista. In Guerrini, M. *Metadatazione: la catalogazione in era digitale*, Editrice Bibliografica.

Bianchini, C. and Guerrini, M. (2009) From Bibliographic Models to Cataloging Rules: remarks on FRBR, ICP ISBD, and RDA and the relationships between them, *Cataloging & Classification Quarterly*, **47**(2), 105 – 124.

Bianchini, C. and Guerrini, M. (2015) A Turning Point for Catalogs: Ranganathan's possible point of view, Cataloging &*Classification Quarterly*, **53**(3 – 4), 341 – 351.

Bianchini, C. and Guerrini, M. (2018) New Terms for New Concepts: reflections about the Italian translation of RDA, *JLIS. it*, **9**(1), 1 – 5.

Bigelow, I. and Samples, J. (2020) ARC to BIBFRAME: converting the PCC to linked data, *Cataloging & Classification Quarterly*, **58**(3 – 4), 403 – 417.

Bourne, R. (ed.) (1992) *Seminar on Bibliographic Records: proceedings of the seminar held in Stockholm*, 15 – 16 *August* 1990 and sponsored by the IFLA UBCIM Programme and the IFLA Division of Bibliographic Control, K. G. Saur.

Bowers, F. (1995) *Principles of Bibliographical Description*, Oak Knoll Press.

Broughton, V (2006) *Essential Thesaurus Construction*, Facet Publishing.

Buizza, P. (2002) Dai Principi di Parigi a FRBR, *Bibliotime*, **5**(1), https://tinyurl.com/z68e9f4f.

Calhoun, K. (2006) *The Changing Nature of the Catalog and its Integration with Other Discovery Tools*, prepared for the Library of Congress. Final Report, www. loc. gov/catdir/calhoun – report – final. pdf.

Cerbo, M. A. (2011) Is There a Future for Library Catalogers?, *Cataloging & Classification Quarterly*, **49**(4), 323 – 327.

Chambers, S. (ed.)(2013) *Catalogue 2. 0: the future of the library catalogue*, Facet Publishing.

Chan, L. M. , Comaromi, P, Mitchell, S. and Satija, M. P (1994) *Dewey Decimal Classification: a practical guide*, Forest Press.

Chan, L. M. and Salaba, A. (2016) *Cataloging and Classification: an introduction*, 4th edn, Rowman & Littlefield.

Chaplin, A. H. and Anderson, D. (eds) (1963) *International Conference on Cataloguing Principles. Paris, 9 October, 1961: report*, International Federation of Library Associations. New edition: IFLA International Office for UBC (1981).

Chen, P S. (1976) The Entity Relationship Model: toward a unified view of data, *ACM Transactions on Database Systems*, **1** (1), 9 – 36.

Connell, T. H. and Maxwell, R. L. (eds)(2000) *The Future of Cataloging: insights from the Lubetzky Symposium*, American Library Association.

Cook, C. D. (ed.)(1982) *The Future of the Union Catalog: proceedings of the International Symposium on the Union Catalog*, University of Toronto, 21 – 22 May 1981. Also published in *Cataloging & Classification Quarterly*, **2** (1 – 2).

Coyle, K. (2007) The Library Catalog: some possible futures, *Journal of Academic Librarianship*, **33** (3), 414 – 416.

Coyle, K. (2013) Linked Data: an evolution, *JLIS. it*, **4** (1), 53 – 61.

Coyle, K. (2016) *FRBR, Before and After: a look at our bibliographic models*,

American Library Association.

Creider, L. S. (2009) A Comparison of the Paris Principles and the International Cataloguing Principles, *Cataloging & Classification Quarterly*, **47** (6), 583 – 599.

Crocetti, L. (2014) *Le Biblioteche di Luigi Crocetti: saggi, recensioni, paperoles* (1963 – 2007), Associazione Italiana Biblioteche.

Cutter, C. A. (1876) *Rules for a Dictionary Catalog*, US Government Printing Office.

Danskin, A. (2006) *Tomorrow Never Knows* 1: *the end of cataloguing?*, https://tinyurl. com/32jutxf3; then (2007) in *IFLA Journal*, **33** (3), 205 – 209.

Danskin, A. (2013) Linked and Open Data: RDA and bibliographic control, *JLIS. it*, **4** (1), 147 – 159.

Danskin, A. (2020) The Anglo – American Authority File: a PCC story, *Cataloging & Classification Quarterly*, **58** (1 – 4), 221 – 229.

Davinson, D. E. (1975) *Bibliographic Control*, Linnet Books.

Delsey, T. (1982) Standards and Standardization, *Cataloging & Classification Quarterly*, **2** (1 – 2), 69 – 81.

Delsey, T. (2007) *RDA Database Implementation Scenarios*, https: //tinyurl. com/3axzwhue.

Delsey, T. (2016) The Making of RDA, *JLIS. it*, **7** (2), 25 – 47.

Dillon, M. (2000) *Metadata for Web Resources: how metadata works on the web*, Library of Congress, http: //lcweb. loc. gov/catdir/bibcontrol/dillon _ paper. html.

Dini, R. (1985) *Il Parente Povero della Catalogazione: la descrizione bibliografica dal Rapporto Henkle all'Incontro di Copenaghen*, Editrice Bibliografica.

Dini, R. (1991) *La Catalogazione*. In *Lineamenti di Biblioteconomia*, Carocci.

Domanovszky, A. (1975) *Functions and Objects of Author and Title Cataloguing*: a *contribution to cataloguing theory*. English text: Thompson, A. (ed.), Verlag Dokumentation.

Dunsire, G. (2012a) Representing the FR Family in the Semantic Web, *Cataloging & Classification Quarterly*, **50** (5 – 7), 724 – 741.

Dunsire, G. (2012b) Linked Data, Libraries and the Semantic Web, *Library Science Talk*, https://tinyurl.com/5n7jyw4f.

Dunsire, G. (2020) Reconstructing Authorities: new approaches to the management and use of authority data. In Kati, T. and Tomasevi, N. (eds) *Mirna Willer*: *Festschrift*, Morepress, 81 – 98.

Dunsire, G. (2021) Bibliographic Control in the Fifth Information Age, *JLIS. it*, **13** (1), 25 – 36.

Dunsire, G., Hillmann, D. and Phipps, J. (2012) Reconsidering Universal Bibliographic Control in Light of the Semantic Web, *Journal of Library Metadata*, **12**(2 – 3), 164 – 176.

Dunsire, G. and Willer, M. (2013) *Bibliographic Information Organization in the Semantic Web*, Chandos Publishing.

Dziatzko, K. (1886) *Instruction für die Ordnung der Titel im Alphabetischen Zettelkatalog der Königlichen und Universitäts – Bibliothek zu Breslau*, Asher.

Escolano Rodríguez, E. (2012) *ISBD en la Web Semántica*, Lectio magistralis en biblioteconomía, Casalini Libri.

Escolano Rodríguez, E. (2013) ISBD Adaptation to SW of Bibliographic Data in Linked Data, *JLIS. it*, **4** (1), 119 – 137.

Escolano Rodríguez, E. (2022) The Updating of ISBD and its Transformation, *JLIS. it*, **13** (2), 1 – 12.

Fabian, C. (2020) Structure and Semantics, Coherence and Networks: the living bibliographic universe: reflections of a catalogue lover in honour of Mirna Willer a data scientist. In Kati, T. and Tomasevi, N. (eds) *Mirna Willer: Festschrift*, Morepress, 119 – 134.

Fattahi, R. (2010) *From Information to Knowledge: superworks and the challenges in the organization and representation of the bibliographic universe*, Lectio magistralis in library science, Florence, Italy, Florence University, 16 March 2010, Casalini Libri.

Floridi, L. (2014) *The Fourth Revolution: how the infosphere is reshaping human reality*, Oxford University Press.

Foskett, A. C. (1996) *The Subject Approach to Information*, Library Association Publishing.

Freedman, M. J. and Malinconico, S. M. (eds) (1979) *The Nature and Future of the Catalog: proceedings of the ALA's Information Science and Automation Division's 1975 and 1977 institutes on the catalog*, Oryx Press.

Genetasio, G. (2012) The International Cataloguing Principles and Their Future, *JLIS. it*, **3** (1), 1 – 18.

Genette, G. (1987) *Paratexts: thresholds of interpretation*, translated by Jane E. Lewin and foreword by Richard Macksey, Cambridge University Press. Translation of *Seuils* (1987), Editions du Seuil.

Ghiringhelli, L. and Guerrini, M. (2020) *Entities, Attributes, and Bibliographic Relationships: re-reading Barbara B. Tillett's PhD dissertation thirty years after*. In Kati, T. and Tomasevi, N. (eds) *Mirna Willer: Festschrift*, Morepress, 47 – 58.

Gorman, M. (1980) Principles, Rules, Standards and Applications. In Manning, R. W (ed.), *AACR2 Seminar Papers*, Canadian Library Association.

Gorman, M. (1999) Metadata or Cataloguing? A false choice, *Journal of Internet Cataloging*, **2** (1), 5-22.

Gorman, M. (2000) *The Future of Cataloging*: *insights from the Lubetzky Symposium*, American Library Association.

Gorman, M. (2003) Cataloguing in an Electronic Age, *Cataloging & Classification Quarterly*, **36** (3-4), 5-17.

Gorman, M. (2014) The Origins and Making of the ISBD: a personal history, 1966-1978, *Cataloging & Classification Quarterly*, **52** (8), 821-834.

Gorman, M. (2015) *Our Enduring Values, Revisited*: *librarianship in an ever-changing world*, American Library Association.

Gorman, M. and Oddy, P. (1993) Bibliographic Standards and the Library of the Future, *Catalogue & Index*, **110** (1), 4-5.

Green, R. (2008) Relationships in Knowledge Organization, *Knowledge Organization*, **35**, 150-159.

Guatelli, F. (2020) FUP Scientific Cloud e l'editoria fatta da studiosi, *Società e Storia*, **167** (1), 155-164.

Guerrini, M. (1999) *Catalogazione*, Associazione italiana biblioteche.

Guerrini, M. (ed.) (2000) *FRBR Seminar*: *Functional Requirements for Bibliographic Records, Florence, Italy, 27-28 January 2000*: *proceedings*, Associazione italiana biblioteche. Tête-bêche in Italian and English.

Guerrini, M. (2008) *Principi di Catalogazione Internazionali*: *una piattaforma europea? Considerazioni sull'IME ICC di Francoforte e Buenos Aires*: *atti del convegno internazionale, Roma, Bibliocom*, 51° *Congresso AIB*, 27 ottobre 2004, Associazione italiana biblioteche.

Guerrini, M. (2009) In Praise of the Un-finished: the IFLA statement of International Cataloguing Principles, *Cataloging & Classification Quarterly*,

47 (8), 722 –740.

Guerrini, M. (ed.) (2013) Global Interoperability and Linked Data in Libraries, Special issue, *JLIS. it*, **4** (1).

Guerrini, M. (2022) *Metadatazione: la catalogazione in era digitale*, Editrice Bibliografica.

Guerrini, M. and Genetasio, G. (2012) *I Principi Internazionali di Catalogazione (ICP): universo bibliografico e teoria catalografica all'inizio del XXI secolo*, postfazione di Attilio Mauro Caproni, Editrice Bibliografica.

Guerrini, M. and Manzoni, L. (2022) *RDA: Resource Description and Access*, Associazione italiana biblioteche.

Guerrini, M. and Possemato, T. (2015) *Linked Data per Biblioteche, Archivi e Musei*, Editrice Bibliografica.

Guerrini, M. and Sardo, L. (2018) *IFLA Library Reference Model (LRM): un modello concettuale per le biblioteche del XXI secolo*, prefazione di Maja Žumer, Editrice Bibliografica.

Guerrini, M., Weinberger, D., Weston, P G. andŽumer, M. (2015) Old Wine, New Bottle? Principles and methods for a true innovation in LIS perspectives: the view of Marshall Breeding, *AIB Studi*, **55** (3), 385 – 403.

Holley, R. P (ed.) (2007) *Cataloger, Editor, and Scholar: essays in honor of Ruth C. Carter*, Haworth Information Press.

Howarth, L. C. (2011) *From 'A Magnificent Mistake' to 'A Lively Community of Interest': Anglo-American Cataloguing Codes and the evolution of social cataloguing*, Lectio magistralis in library science, Florence, Italy, Florence University, 23 March 2011, Casalini Libri.

Howarth, L. C. (2012) FRBR and Linked Data: connecting FRBR and linked data, *Cataloging & Classification Quarterly*, **50** (5 –7), 763 –776.

International Federation of Library Associations and Institutions (2016) *Statement of International Cataloguing Principles. 2016 Edition*, IFLA Cataloguing Section and IFLA Meetings of Experts on an International Cataloguing Code 2016. Edition with minor revisions, 2017, by Galeffi, A. (chair), Bertolini M. V, Bothmann R. L., Escolano Rodríguez, E. and McGarry, D., https: // tinyurl. com/5xznuhhv.

Jewett, C. C. (1853) *On the Construction of Catalogues of Cibraries, and Their Publication by Means of Separate, Stereotyped Titles, with Rules and Examples*, Smithsonian Institution.

Joudrey, D. N., Taylor, A. G. and Miller, D. P (2015) *Introduction to Cataloging and Classification*, Libraries Unlimited.

Joudrey, D. N. and Taylor, A. G. (2017) *The Organization of Information*, Libraries Unlimited.

Kalita, D. and Deka D. (2020) Searching the Great Metadata Timeline: a review of library metadata standards from linear cataloguing rules to ontology inspired metadata standards, *Library Hi Tech*, **39** (1), 190 – 204.

Kempf, K. (2013) Collection Development in the Digital Age, *JLIS. it*, **4** (2), 267 – 273.

Kiczek, S. A. (2010) Thomas Mann's Contributions to Current Library Debates on Cataloging and Bibliographic Control, *Cataloging & Classification Quarterly*, **48** (5), 450 – 471.

Kumar, K. (1988) *Theory of Classification*, Vikas Publishing House.

Le Boeuf, P (2009) *De FRBRer à FRBRoo*, Lectio magistralis in library science, Florence, Italy, Florence University, 17 March 2009, Casalini Libri.

Leavis, F. R. (1948) *The Great Tradition: George Eliot, Henry James, Joseph Conrad*, Chatto & Windus.

Library of Congress (2012) *Bibliographic Framework as a Web of Data*: *linked data model and supporting services*, https://tinyurl.com/mvxsa4nt.

Library of Congress, Descriptive Cataloging Division (1949) *Rules for Descriptive Cataloging in the Library of Congress*.

Library of Congress, Director of the Processing Department (1946) *Studies of Descriptive Cataloging*: *a report to the Librarian of Congress*, US Government Printing Office.

Library of Congress, Information Systems Office (1968) *MARC Pilot Project*: *final report on a project sponsored by the Council on Library Resources, Inc.*, prepared by H. D. Avram, Information Systems Office, Project director, Library of Congress.

Library of Congress Working Group on the Future of Bibliographic Control (2008) *On the Record*, https://tinyurl.com/bdhkvbe2.

Long, K. (2016) *An Entirely Too Brief History of Library Metadata and a Peek at the Future, Too*, https://tinyurl.com/3najn4x3.

Lopes, M. I. and Beall, J. (eds) (1999) *Principles Underlying Subject Heading Languages (SHLs)*, approved by the Standing Committee of the IFLA Section on Classification and Indexing. International Federation of Library Associations and Institutions. Working Group on Principles Underlying Subject Heading Languages, De Gruyter Saur.

Lubetzky, S. (1960) *Code of Cataloging Rules*: *author and title entry*: *an unfinished draft for a new edition of cataloging rules*, American Library Association.

Lubetzky, S. (1969) *Principles of Cataloging*: *final report*, Phase I: Descriptive Cataloging, University of California, Institute of Library Research.

McCallum, S. (2016) *Linked Data for Cultural Heritage*, American Library

Association.

McCallum, S. (2017) BIBFRAME Development, *JLIS. it*, **8**(3), 71.–85.

Machetti, C. (2016) Biblioteche e Discovery Tool: il caso OneSearch e l'ateneo di Siena, *AIB Studi*, **56** (3), 391–408.

Malmsten, M. (2012) Cataloguing in the Open: the disintegration and distribution of the record, *JLIS. it*, **4** (1), 417–423.

Mann, T. (2006) *The Changing Nature of the Catalog and its Integration with Other Discovery Tools: final report*, 17 March 2006, *prepared for the Library of Congress by Karen Calhoun: a critical review*, www. guild2910. org.

Mann, T. (2008) '*On the Record*' *but Off the Track: a review of the Report of The Library of Congress Working Group on The Future of Bibliographic Control*, *with a further examination of Library of Congress cataloging tendencies*, https: //tinyurl. com/2udt8yyn.

Maunsell, A. (1595) *The Catalogue of English Printed Books*, ed. John Windet, Facsimile Edition(1965), Farnborough, Gregg, in association with Archive P.

Miller, S. J. (2022) *Metadata for Digital Collections*, 2nd edn, Facet Publishing.

Morse, T. (2012) Mapping Relationships: examining bibliographic relationships in sheet maps from Tillett to RDA, *Cataloging & Classification Quarterly*, **50** (4), 225–248.

Murray, R. J. and Tillett, B. B. (2011) Cataloging Theory in Search of Graph Theory and Other Ivory Towers, *Information Technology and Libraries*, **30** (4), 170–184.

Nunberg, G. (ed.) (2006) *The Future of the Book*, with an afterword by Eco, U., University of California Press.

Oddy, P. (1996) *Future Libraries, Future Catalogues*, Library Association

Publishing.

Online Computer Library Centre (2022) *Best Practices for Creating Sharable Metadata*, tinyurl. com/mthhzhm8.

Osborn, A. D. (1941) The Crisis in Cataloging, *The Library Quarterly*, **11** (4), 393 – 411.

Pisanski, J. andŽumer, M. (2010) Mental Models of the Bibliographic Universe. Part 1: Mental Models of Descriptions; Part 2: Comparison Task and Conclusions, *Journal of Documentation*, **66** (5), 643 – 667;668 – 680.

Possemato, T. (2022) Intervista. In Guerrini, M. *Metadatazione: la catalogazione in era digitale*, Editrice Bibliografica.

Ranganathan, S. R. (1955) *Heading and Canons*, S. Viswanathan.

Ranganathan, S. R. (1961) *Reference Service*, Sarada Ranganathan Endowment for Library Science.

Ranganathan, S. R. (1964) *Classified Catalogue Code*, *with Additional Rules of Dictionary Catalogue Code*, assisted by Neelameghan, A. , 5th edn, Asia Publishing House.

Revelli, C. (2004) La Mattanza dei Catalogatori: una funzione che rischia la dequalificazione, *Biblioteche Oggi*, **22** (5), 7 – 15.

Revelli, C. (2014) Carlo Revelli – Testimony. In*Faster, Smarter and Richer: reshaping the library catalogue*, International Conference, Rome, Italy, 27 – 28 February 2014, https: //tinyurl. com/rk7h6mnb.

Riva, P(2013) FRBR Review Group Initiatives and the World of Linked Data, *JLIS. it*, **4** (1), 105 – 117.

Riva, P(2016) Il Nuovo Modello Concettuale dell'Universo Bibliografico: FRBR Library Reference Model, *AIB Studi*, **56** (2), 265 – 275.

Riva, P(2018) *The IFLA Library Reference Model*, lectio magistralis in library *science*, Casalini Libri.

Sandberg – Fox, A. M. (ed.) (2001) *Proceedings of the Bicentennial Conference on Bibliographic Control for the New Millennium*: *confronting the challenges of networked resources and the web*, Library of Congress, Cataloging Distribution Service, www. loc. gov/catdir/bibcontrol.

Sardo, L. (2017) *La Catalogazione*: *storia*, *tendenze*, *problemi aperti*, Editrice Bibliografica.

Sardo, L. (2019) Ethics and Cataloguing, *JLIS. it*, **10** (3), 1 – 17.

Schreur P. (2018) RDA, Linked Data, and the End of Average, *JLIS. it*, **9** (1), 120 – 127.

Schreur P. (2020) The Use of Linked Data and Artificial Intelligence as Key Elements in the Transformation of Technical Services, *Cataloging & Classification Quarterly*, **58** (5), 473 – 485.

Schreur, P. and Possemato, T. (2019) Authify: the reconciliation of entities at scale, paper given at the12th International Conference on Metadata and Semantics Research Communications in Computer and Information. In*Metadata and Semantic Research*, Springer.

Si, L. , Zhuang, X. , Xing, W and Guo, W(2013) The Cultivation of Scientific Data Specialists: development of LIS education oriented to escience service requirements, *Library Hi Tech*, **31** (4), 700 – 724, https: //doi. org/10. 1108/LHT – 06 – 2013 – 0070.

Sicilia, M. A. , Lytras, M. D. and Miller, S. J. (eds) (2009) *Metadata and Semantics*, Springer.

Sleeman, W and Bluh, P (eds) (2005) From Catalog*to Gateway*: *charting a course for future access*: *briefings from the ALCTS Catalog Form and Function Committee*, American Library Association.

Smiraglia, R. P（1992）*Authority Control and the Extent of Derivative Bibliographic Relationships*, PhD. dissertation, University of Chicago.

Smiraglia, R. P（2001）*The Nature of a Work: implications for the organization of knowledge*, Scarecrow, 2001.

Smiraglia, R. P（ed.）（2005）*Metadata: a cataloger's primer*, Haworth Information Press.

Smiraglia, R. P（ed.）（2011）*Works as Entities for Information Retrieval*, Routledge.

Smiraglia, R. P（2018）Work. In*ISKO Encyclopedia of Knowledge Organization（IEKO）*, Version 1.0; published 18 September 2018, last edited 5 February 2019, www. isko. org/cyclo/work.

Solimine, G.（1995）*Controllo Bibliografico Universale*, Associazione italiana biblioteche.

Spitzer, M.（2012）*Digitale Demenz: wie wir uns und unsere Kinder um den Verstand bringen*, Droemer.

Svenonius, E.（ed.）（1989）*Conceptual Foundations of Descriptive Cataloging*, Academic Press.

Svenonius, E.（2000）*The Intellectual Foundation of Information Organization*, MIT Press.

Svenonius, E. and McGarry, D.（eds）（2001）*Seymour Lubetzky: writings on the classical art of cataloging*, Libraries Unlimited.

Tanselle, G. T.（1987）*A Sample Bibliographical Description with Commentary*, University Press of Virginia.

Tanselle, G. T.（1998）*Literature and Artifacts*, Bibliographical Society of the University of Virginia.

Tanselle, G. T.（2020）*Descriptive Bibliography*, Bibliographical Society of the

University of Virginia.

Taylor, A. G. (1988) *Cataloging with Copy: a decision – maker's handbook*, 2nd edn, with the assistance of O'Neil, R. M., Libraries Unlimited. (1st edn 1976)

Taylor, A. G. (1993) Cataloguing. In Wedgeworth, R. (ed.), *World Encyclopedia of Library and Information Services*, American Library Association, 177 – 181.

Taylor, A. G. (2007) *Understanding FRBR: what it is and how it will affect our retrieval tools*, Libraries Unlimited.

Taylor, A. G. and Tillett, B. B. (eds) with the assistance of Guerrini, M. and Baca, M. (2004) *Authority Control in Organizing and Accessing Information: definition and international experience*, Haworth Information Press. Also issued as *Cataloging & Classification Quarterly*, **38** (3 – 4) and **39** (1 – 2).

Tennant, R. (2002) MARC Must Die, *Library Journal*, **127** (17), 26 – 28.

Tennant, R. (2004) Bibliographic Metadata Infrastructure for the 21st Century, *Library Hi Tech*, **22** (2), 175 – 181.

Tennant, R. (2017) '*MARC must die*' 15 *years on*, https://hangingtogether.org/?p = 6221.

Tillett, B. B. (1987) *Bibliographic Relationships: toward a conceptual structure of bibliographic information used in cataloguing*, PhD. dissertation, University of California.

Tillett, B. B. (1988) Bibliographic relationships, *International Cataloguing and Bibliographic Control*, **17** (1), 3 – 6.

Tillett, B. B. (ed.) (1989a) *Authority control in the online environment: considerations and practices*, Haworth Press.

Tillett, B. B. (ed.) (1989b) *Authority Control: concepts and considerations in the online environment*, Haworth Press. Also published in *Cataloging & Classification Quarterly*, **9** (3).

Tillett, B. B. (1991a) A Summary of the Treatment of Bibliographic Relationships in Cataloging Rules, *Library Resources & Technical Services*, **35** (4), 393 – 405.

Tillett, B. B. (1991b) A Taxonomy of Bibliographic Relationships, *Library Resources & Technical Services*, **35** (2), 150 – 158.

Tillett, B. B. (1993) Catalog It Once For All: a history of cooperative cataloging in the United States prior to 1967 (before MARC), *Cataloging & Classification Quarterly*, **17** (3 – 4), 3 – 38.

Tillett, B. B. (1995) Cataloguing Rules and Conceptual Models for the Electronic Environment, Keynote address, *Cataloging Australia*, **21** (3 – 4), 67 – 103.

Tillett, B. B. (2005) FRBR and Cataloging for the Future, *Cataloging & Classification Quarterly*, **39** (3 – 4), 197 – 205.

Tillett, B. B. (2008) *The Bibliographic Universe and the New IFLA Cataloging Principles*, Lectio magistralis in library science, Florence, Italy, Florence University, 14 March 2008, Casalini Libri.

Tillett, B. B. (2016) RDA, or, the Long Journey of the Catalog to the Digital Age, *JLIS. it*, **7** (2), 7 – 24.

Tillett, B. B. and Cristán, A. L. (eds) (2009) *IFLA Cataloguing Principles: the Statement of International Cataloguing Principles (ICP) and its Glossary: in 20 languages*, International Federation of Library Associations and Institutions, K. G. Saur.

Trombone, A. (2014) New Display Models of Bibliographic Data and Resources: cataloguing/resource description and search results, *JLIS. it*, **5** (2), 19 – 32.

Turbanti, S. (2021) Henriette Davidson Avram: il valore dello scambio, *Bibliologia*, **16** (21).

Taylor, A. G. (ed.) (2007) *Understanding FRBR: what it is and how it will affect our retrieval tools*, Libraries Unlimited.

Verona, E. (1959) Literary Unit versus Bibliographical Unit, *Books*, **9**, 79 – 104.

Weihs, J. (ed.) (1998) *The Principles and Future of AACR: proceedings of the International Conference on the Principles and Future Development of AACR, Toronto, Ontario, Canada, 23 – 25 October 1997*, Canadian Library Association; American Library Association.

Willer, M., Dunsire G. and Bosan i B. (2010) ISBD and the Semantic Web, *JLIS. it*, **1** (2), 213 – 236.

Yee, M. M. (1994) What is a Work? [1], *Cataloging & Classification Quarterly*, **19** (1), 9 – 28.

Yee, M. M. (1995) What is a Work? [2], *Cataloging & Classification Quarterly*, **19** (2), 5 – 22; **20** (1), 25 – 46; **20** (2), 3 – 24.

Yee, M. M. and Layne, S. S. (1998) *Improving Online Public Access Catalogs*, American Library Association.

Zeng, M. L. and Qin, J. (2022) *Metadata*, 3rd edn, Facet Publishing.

Žumer, M. (ed.) (2009) *National Bibliographies in the Digital Age: guidance and new directions*, International Federation of Library Associations and Institutions, Working Group on Guidelines for National Bibliographies, K. G. Saur.

索 引

（本索引根据原文索引翻译，适当增加个别多义词或者不同语境下的不同译文，删除正文中没有出现的人名，删除了与缩略语表中重复的内容，并按中文条目重新排序，中文排序过程省略了开头的标点符号。由于中文语句顺序与英文不完全相同，个别索引标号的文字需要在上下文中寻找。）

后 记

　　2015 年 10 月 1 日，OCLC 发布了一条推文，公开了最后一张印刷目录卡片，并表示向图书馆提供目录卡片的服务已经持续了 44 年，累计大约 20 亿张卡片。这只是近年来"信息组织"［用埃莱娜·斯威诺纽斯（Elaine Svenonius）的话来说］中出现的诸多变化中的一个。

　　《从编目到元数据：心路历程》展示了图书馆所提供的"信息组织"服务的基本原则、目标和技术进化等经历的漫长旅程。在这个旅程的终点，我们可以看到三个广受关注的发展方向。

　　第一个方向涉及元数据创建中的人机合作。如今，采用与人工智能（AI，也称为机器学习）有关的技术用于主题编目（或语义标引）依然十分活跃。我们应该记得，人工智能是一种"完全缺乏灵活性的算法产品"（Floridi，2014），而且"检索系统的有效性根据投入信息组织的智能程度而各不相同"（埃莱娜·斯威诺纽斯）。换言之，在这个背景下，图书馆员所被要求的技能水平远远要高得多，而且他或她的"智能"程度也显出差距。经验证明，技术的发展确实为馆员工作提供助力，但这并不会减少编目的成本，因为随着资源大幅度增加，资源描述的颗粒度也要更细。图书馆中的工作（特别是编目工作），不能被机器人或者不称职的业务人员取代。

　　第二个方向涉及发布元数据的方法。我们不能忘记这个旅程中的关键阶段：MARC。由于信息技术作为中介，有了 MARC 以后，图书馆成为第一个能认识到一个图书馆制作的元数据可以被其他图书馆（而且不仅是图书馆）复用和享用的行业。我们可以说，MARC 用于书目信息，犹如语义网（或数据的网）之于万维网（或文献的网）。正如我们已经看到的那样，这个旅程考虑了图书馆致力于语义网和关联数据的工作。总而言之，我们可以说，书目数据如果想进入数据的网络，还将要求我们做许多工作（如果我们的目的是要保证实现 MARC 目前已达到的同样传播规模）。这个过渡很难，众多原因中至少有两条值得一提：没有唯一的起点（MARC），但有许多 MARC 的实施方案（MARC21 和 UNIMARC 是传播最广的，还有其他一些）；没有唯一的终点，因为书目框架明确是基本参照本体，特别对于 MARC21 数据是如此，但是关于书目数据的元数据标准、数据模型和本体的讨论却一直在持续中。

第三个方向涉及来自图书馆以外的驱动经验，它们复用并增强规范控制领域中图书馆所制作的元数据。在这些经验（在本旅程的另一个阶段已经提及）中，最重要的无疑是维基数据（Wikidata）。在这个领域，全球合作的局面已经打开，超越了单一图书馆或图书馆网络目录的简单管理。语义网更清楚地说明，图书馆不是仅有的需要规范数据（或元数据）的机构，如搜索引擎也对这些类型的元数据很有兴趣。

乔瓦尼·贝尔加明

译者后记

本人从事了30多年的编目研究和实际操作，总想写点体会。后来任职太多，心有余而力不足，只能写一些小感想，零碎地发表于微博和博客。等真正有空了以后，我就计划写一本书。但是黄俊贵、王松林等前辈的书，已经成为经典，我很难超越。这时候，卡萨里尼书店送来马乌罗·圭里尼教授的新书。快递途中走了好几个月，不知道背后有什么故事，但是恰逢其时。我读了以后，决定放弃自己的想法，我想说的很多话，他都说了，我觉得翻译也能完成自己的心愿。

这书篇幅不大，也有我自己发挥的空间。作者说，他放弃版权，可以随便翻译，甚至可以用本地化的例子。我认为，如果改变原著的总体结构会导致表达不连贯，于是就采用大篇幅的译者注来解决这个问题。

我到图书馆以后，最早做采访工作。因为工作关系，与西文图书编目组老组长郝生源交往比较多，聊天中耳濡目染，了解了不少编目的事情，我也戏称他为"师傅"。当年西文图书编目组有美国国会图书馆名称规范档的缩微平片版，我看了印象深刻，感觉编目工作非常高深。我至今还记得图书馆目录库房里各种类型的目录及其摆放位置。

1995年，我去澳大利亚工作半年。老主任李仁年说，你得熟悉AACR2啊！在澳大利亚，我在谭太太（Beatrice Tam）的带领下为不少图书进行编目，我现在还记得谭太太给我念AACR2中有关编目规则的场景。

有时候加班做，一方面是想为别人做事，别让别人感觉我是负担，另一方面也想尽快熟悉业务。告别的时候，他们夸我完成了不少工作量，还帮他们想出了复制粘贴的办法。

回国工作后，我虽然还做采访工作，但兼职给外文编目部维护局域网，从而熟悉了用于套录 MARC 数据的多种光盘系统，至今还保留该部门给我的感谢信。这事情算业余加班做的，让我从技术方面了解图书馆编目工作。此后的集成系统选型和实施，使我有机会可以从技术层面看所有语言的编目。

1998 年召开的西文图书编目工作研讨会，决定启动《西文文献著录条例》的修订工作。最后各种协调后，让我做主编，也很意外。但我们回顾历史，也知道这个条例是在版权没有解决情况下的通融方案。有老前辈在前面指导，我们的工作得以顺利完成。

2005 年出版的《中国文献编目规则》（第二版），我也参与修订工作，负责乐谱相关的内容，但我深感国际性标准的缺失会带来什么影响。于是我尽可能参加各种标准的制定和翻译工作。2005 年，我开始参与国际图联的编目相关工作，涉足编目原则、概念模型、规则、机读格式、国家书目、名称规范等诸多方面，至今仍参与一些项目，已经有 20 年了。

编目涉及面太广，图书馆各方面业务也过于繁杂，而且网络的局限性，使我不能进一步发挥作用，但我觉得已经比前辈们多做了不少事情。

在管理工作方面，我最早负责外文采编，后来负责中外文采编，最后又负责外文采编。除了管理和理论研究之外，从来没有脱离过业务。采用集成系统以后，著者标目问题凸显，有时候甚至不知道回溯数据的著者到底是哪一个。我先后统一了外文和中文重要著者的名称，不管以后名称形式是否还有争议，起码是统一了相关的人物名称，为名称规范工作的深入开展奠定基础。我还发挥自己语言特长，做了不少小语种文献的编目。做业务可以理论联系实际，也能发现工作中的问题所在。业务细节与管理和研究工作相辅相成，所以对本书的翻译来说，内容绝大多数都是自己熟悉的事情。

意大利人研究编目理论，梳理出编目思想的理论基础，这是其独到之处。他们还研究编目伦理，也值得我们借鉴。编目不是冷冰冰的规则，有内在的逻辑和背后的思想。编目不是为了自娱自乐，而是与学术、技术等领域密切相关的。

我和圭里尼教授认识于 2006 年。那是在首尔国际图联大会期间，编目组主席茱迪（Judith Kuhagen）说一个意大利委员找我一起回北京，于是我们俩邻座，聊了一路意大利文化。后来，在米兰开会，他是组委会主席。我们还有机会在招待会上四个人合影（包括圭里尼教授、蒂利特博士和罗德里格斯女士），他们都在本书所提到的几个重要领域发挥了重大的作用。圭里尼把他女儿介绍给我认识，后来还邀请我做他主编的杂志的编委。他最近说，他的女儿嫁了一位律师，生了一个男孩，就是书前面题献的那个名字。圭里尼教授和我一起参加过多次会议，有不少合影，可以说是我在国际图联的最好朋友。

本书可以说填补了从传统编目到元数据编目之间教科书的空白，且从哲学的高度来看问题，不拘泥于编目的细节。正如本书 2.6 节引用萨尔多（Sardo）的论述："未来的编目工作人员，应该要能超越日常活动和职业细节，对世界充满好奇心，因为编目员不是……脱离环境的，他们应该投身社会文化和交流的洪流，这样才能作为并继续作为知识交流、获取和创建的有效工具。"不过，对于具体操作方面，也许会有读者感到缺憾，希望以后有专门的教材弥补。

翻译的过程，是学习的过程，也是回忆的过程。这 20 多年来，国际编目界发生了深刻的变化，我有幸参与了不少方面的工作，还在国内做译介工作。读完全书，一幕幕画面重现眼前。当年孙蓓欣老师说，蒂利特博士想在中国找一个与国际编目界沟通的专业人士。我有机会作为编目领域中外沟通的桥梁，之后又有很多机遇，让我活跃在这个国际舞台上。我感觉到，如果我不翻译这本书，好像就对不起这个时代。

本书最早用意大利语出版，后来翻译成英语版，篇幅略微缩小。在翻译过程中，有一些文字读不通顺，对照意大利语版阅读，才发现是翻译的问题。一些术语之前从英语翻译成意大利语，出版英语版时候再从意大利语翻译回来，就不一定与原始英语术语对应。正如我们做国际汉学著作翻译那样，"回译"是很不容易的事情。好在我与原著者多次沟通，确认了其中一些不容易理解的段落。圭里尼教授说，英文版经过多少专家审阅并润色，应该不会有问题。我虽然也怕引起圭里尼误解而不快，但还是整理出问题并及时反馈，为的是使中文译文能被大家理解，并也希望能在英文版修订的时候能进一步完善。

彼得·洛尔博士在序言中说："编目是图书馆员的核心竞争力。"但是在数字化浪潮的冲击下，图书馆编目工作被弱化，特别在中国，尤其明显。希望这本书能填补这个时代的这个领域的一个空白，能对后来人有用，也希望更多人能参与国际编目规则的研讨和制定工作，希望领导和学者们能给予编目工作应有的重视。

本人尽量用普通读者能理解的语言来表达专业问题，避免大量的英文缩略语，除了个别章节不得不如此以外。翻译的同时，我也参与了中国国家标准《信息与文献 基础和术语》的制定和 RDA 注册表中文版的翻译，得以将最新研究成果体现于译文中。

感谢国家图书馆出版社邓咏秋博士和高爽主任，她们的支持和鼓励也是我继续努力的动力来源。本书理论性强，有不少专业术语，不易理解。经过编辑修改，文字更容易被读者接受。

2009 年 8 月 27 日，马乌罗·圭里尼参加在意大利米兰举行的第 75 届国际图联大会（顾犇摄影）

2014 年 8 月 17 日，马乌罗·圭里尼和顾犇参加在法国里昂举行的第 80 届国际图联大会

2012 年 8 月 14 日，顾犇（后）与马乌罗·圭里尼、埃莱娜·埃斯科拉诺·罗德里格斯、芭芭拉·B. 蒂利特博士参加在芬兰赫尔辛基举行的第 78 届国际图联大会

　　2006 年 8 月 16 日，中国代表参加在韩国国家图书馆举办的第四届国际编目规则专家会议，从左到右依次为纪陆恩（上海图书馆）、黄丽婷（中国社会科学院文献信息中心）、谢琴芳（中国高等教育文献保障系统）、顾犇（国家图书馆）、王松林（南京政治学院）、刘丽芝（香港中文大学图书馆）